프로젝트 접근법의 사례 연구 6

황연욱 著

창지사

머리말

'프로젝트 접근법의 사례 연구' 시리즈 중 여섯 번째를 맡아 출판을 준비하면서 많은 것을 느끼고 배웠다. 유아교육학과 재학시절에 '프로젝트 접근법(The Project Approach)' 이라는 교수·학습방법 이론과 실제를 이 접근법의 개발자인 Dr. Sylvia Chard의 서울 워크숍을 통해 처음으로 접하게 되었다. 그 이후에 보다 체계적으로 대표적인 유아교수·학습방법 중 하나인 프로젝트 접근법에 대해서 배워보고자 대학 졸업 후 Dr. Chard가 재직하고 있는 캐나다 앨버타 주립대학교에서 연구하게 되었다.

유아교육학 석·박사 과정을 통해서 캐나다의 유치원과 초등학교 교육과정 및 교수학습 방법을 우리나라의 교육과정 및 유아교수학습방법들과 비교하면서 배우게 되었고, 특히 유치원 교육 현장과 연계해서 프로젝트 접근법을 비롯한 많은 프로그램들을 유치원 교실에서 직접 비교 체험할 수 있었다.

'축구'와 '쌀' 프로젝트를 통해 얻은 가장 큰 결과는 유치원 교사들에게 프로젝트 활동에서 그들 자신만의 접근법을 명확하게 할 필요가 있다는 것이다. 아동 중심의 교수·학습 방법으로 프로젝트 접근법은 우리나라에 널리 보급되어 왔다. 하지만 이 접근법의 배경과 기본 틀은 서양의 교육이념과 문화에 바탕을 두고 있다. 따라서 프로젝트 접근법의 어떤 부분은 우리나라 유치원 교육의 문화·사회적 배경에 적합하지 않을 수도 있다.

우리나라 교육 시스템과 문화에 적합한 프로젝트 활동을 위해서는 한국적인 프로젝트 활동 계획을 위한 교사들의 프로젝트 접근법의 이론적인 배경에 대한 충분한 이해와 프로젝트 활동의 기본 구조에 대한 이해가 필요하다. 그리고 교육 관계자들에게는 국가수준 교육과정에 통합될 수 있는 프로젝트 접근법의 재편성이 요구되며, 그들은 프로젝트 접근법이 우리나라의 교육 시스템에서 어떻게 활용되고 있는지 관찰하고 평가할 필요가 있다.

프로젝트 접근법의 현장 적용에 있어서, 유아교육의 궁극적 교육목표인 유아의 전인적 발달을 도모하기 위해서는 교사들이 프로젝트 접근법에 관한 워크숍, 강의, 교사연수 프로그램, 세미나 등의 참여를 통해 이 접근법에 관하여 확실히 이해하고 교실에서 적용할 수 있어야 할 것이다. 이러한 기회를 통해서 교사는 프로젝트 활동에 대한 다양한 견해와 그들 자신만의 프로젝트를 발전시켜 나갈 수 있을 것이다.

이 책에 소개되어있는 두 가지의 프로젝트 사례가 교사들이 프로젝트 접근법을 확실하게 이해하고 교실 현장에 적용하는 데 조금이나마 도움이 되었으면 한다. 더불어 프로젝트 접근법을 한국 교육 시스템과 문화에 통합시키기 위해서는 학부모의 적극적인 참여가 필요하다. 학부모의 프로젝트 접근법에 대한 올바른 인식이 교실에서의 이 접근법 활용에 도움을 줄 것이며, 또한 그들 자녀들을 위한 교육적인 활동에 긍정적으로 참여할 수 있도록 할 것이다. 따라서 이 책이 학부모들에게도 유아들의 실제적인 프로젝트 활동을 이해하는 데 도움이 되었으면 하는 바람을 가져본다.

끝으로, 이 책이 완성되기까지 물심양면으로 도움을 주신 최소자 교수님께 진심으로 감사드리며, 프로젝트 주제에 대한 유아들의 흥미와 관심을 지속적으로 유지할 수 있도록 프로젝트 활동에 많은 애를 써 주신 유치원 선생님들에게도 진심으로 감사드린다.

2007년 10월

저자 드림

차례

Ⅱ. 쌀 프로젝트 57

Part I

축구 프로젝트 (만 5세 유치반)

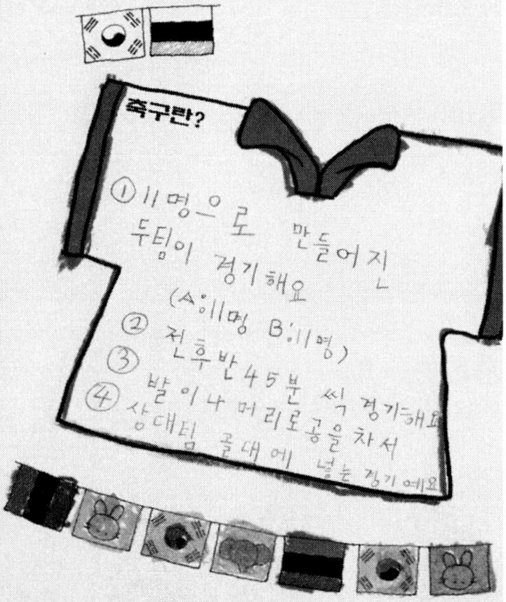

축구 프로젝트를 통하여 유아들은 축구에 대한 기본적인 지식 습득뿐만 아니라, 축구화와 축구공을 직접 관찰하고 실험을 하면서 다른 종류의 운동화나 여러 종류의 공을 비교, 분석할 수 있는 능력을 기를 수 있다. 또한 운동선수들의 식단을 살펴봄으로써 우리 몸의 영양소 섭취에 대한 이해를 도울 수 있다. 프로젝트 활동을 마무리하는 단계에서 유아들이 직접 축구 경기를 주최하면서 신체적 발달뿐만 아니라 같은 팀 구성원들과의 그룹활동을 통해서 사회성 발달을 도모할 수 있다.

1. 주제 선정 배경

"대~한민국! 짝짜~악짝 짝짝!" 2002년 한일월드컵에서 우리나라가 4강신화를 일구어 낸 것을 대한민국 국민이라면 모르는 사람이 없을 것이다. 유치원 아이들도 2006년 독일월드컵 때 "대~한민국!"을 외치며 열심히 우리나라 대표팀을 응원하던 여운이 2학기가 시작되어서까지 남아있었다. 월드컵 경기와 아시안컵 축구 경기로 인해 축구에 대한 유아들의 흥미는 충분히 고조되어 있었고, 몇몇 유아들이 축구공을 유치원까지 가져와서 놀이하는 모습도 볼 수 있었다. 또한 주 5일제 근무가 정착되어 감에 따라 유아들이 가족과 함께 교외나 공원에서 실외활동을 할 기회가 많아졌다. 한 주가 시작되는 월요일 유치원에서 유아들은 지난 주말에 가족과 함께 지낸 이야기를 하면서 실외에서 인라인 스케이트 타기, 자전거 타기, 부메랑 던지기, 아빠와 함께 축구하기 등 다양한 놀이 경험에 대해 이야기 나누기를 좋아했다.

유치원 교사들은 2학기 프로젝트 활동을 함에 있어서 이러한 유아들의 신체적 활동과 월드컵에 관한 관심을 흥미있게 이어 나갈 수 있는 주제 선정을 위해 교사회의를 하였다. 교사들은 컴퓨터 게임이나 TV시청 등 정적인 활동으로 인해 소홀해지기 쉬운 유아들의 신체활동을 프로젝트 활동을 통해 충족시키고, 더 나아가 그룹활동을 통한 경험으로 공동체 의식을 함양할 수 있는 프로젝트 활동에 초점을 두었다. 교사들이 프로젝트 주제 선정을 할 때는 유아들의 일상생활과의 연관성과 활동 시 필요한 자료와 도구의 유용성, 그리고 유치원과 지역사회 안에서 쉽게 접할 수 있는 활동 등을 고려하여야 한다(Katz & Chard, 2000). 많은 교사 회의와 토의를 거쳐 교사들은 축구를 통해서 쉽고 재미있게 유아들의 관심과 흥미를 최대한으로 이끌어 내 학습과 프로젝트 활동의 적절한 조화를 이루어 낼 수 있다는 결론을 내리고 '축구'를 프로젝트 주제로 선정하였다.

신체적 활동에 초점을 둔 프로젝트를 전개하게 되면, 먼저 유아들의 운동 발달 능력과 특성을 잘 이해하고 발달 수준에 적합한 신체활동을 제공해야 한다(최소자, 2005). 축구와 같은 운동을 통해 대근육 운동능력이 발달함에 있어서는, 만 3,4세에 대근육 운동능력이 발달하기 시작하며, 만 5세가 되면 성숙한 수준으로 발달되어 간다(박대근, 2001). 한 연구 결과에 따르면, 앞구르기, 공던지기, 공튀겨잡기, 말타기 등에서는 남아가 더 유의한 운동능력을 보였고, 한발뛰기, 뛰어내리기 등의 항목에서는 여아가 더 안정된 운동능력을 보이는 것으로 나타났다(박대근, 2001). 유아는 신체활동을 통해 자신의 신체를 탐색해 봄으로써 자아존중감을 발달시킬 수 있으며, 이러한 긍정적인 자아개념 발달은 모든 교육과정 영역에서 추구하는 교육목적의 하나이다(최소자, 2005).

2. 축구 프로젝트를 통해 습득되는 지식

프로젝트 접근법의 활용에 있어서 가장 큰 장점은 유아들의 자발적인 놀이를 통한 학습이다. 하나의 주제와 관련된 토론(discussion), 현장학습(fieldwork), 탐구(investigation), 표상(representation), 전시(display) 등의 프로젝트 활동을 통해서 유아들은 필요한 지식 습득과 학습활동을 하게 된다(Katz & Chard, 2000). 이러한 과정을 통해 주제와 관련된 새로운 단어, 개념, 이해를 습득하면서 인지적 발달의 향상뿐만 아니라 그룹활동을 통한 다른 사람의 의견 존중, 다른 관점에서의 경험, 그리고 자신의 개인적인 장 · 단점을 평가할 수 있는 능력을 키울 수 있다(Helm, 1999; Helm & Katz, 2001; Maple, 2005; Schuler, 2000; Sloane, 2004; Trepanier-Street, 1993). 유아들은 서로서로 협동적인 활동을 통해 사회적 기술도 습득하게 된다(Youngquist, Edwards, & Heaton, 2005).

축구 프로젝트를 통해 유아들은 교육과정에서 제시하는 모든 영역에서 발달을 이룰 수 있다. 다음은 각 영역별로 유아들이 탐색할 수 있는 활동들과 습득되는 지식 내용을 소개한 것이다.

(1) 언어

① 축구의 의미, 축구의 구성원, 축구 경기장의 구조, 축구화의 기능, 축구 경기 규칙과 관람 규칙 등을 알아보며 축구에 대한 새로운 단어와 용어 습득

(2) 수

① 그래프 - 우리 조의 운동 선호도 조사

② 도형 - 축구공 모양의 육각형, 오각형 관찰

③ 각도 재기 - 공 위치에 따른 골의 방향 측정 및 각도 재기

④ 시간 개념 - 각도에 따라 달라지는 시간 알기(시간 보는 방법)

(3) 탐구

① 축구공 관찰

② 축구화의 무늬와 기능

③ 축구화와 다른 스포츠화의 관찰(비교하기)

(4) 표현

① 축구 사진 스크랩하여 말 꾸미기

② 축구 선수들 모습 관찰하고 표상하기

③ 축구화 무늬 찍어 꾸미기

④ 축구 대회를 위한 현수막 제작

(5) 건강

① 선수들 식단표 알아보기

② 5대 영양소 알아보기

③ 5대 영양소로 간식 분류하기

④ 각 영양소가 우리 몸에서 하는 일 알아보기

(6) 사회

① 축구 경기 규칙 및 관람 규칙 알아보기

② 축구 경기 현수막 제작 과정에서의 협력

③ 선수 선발에 대한 의견 차이 조정 및 공평한 방법 제시

3. 프로젝트를 위한 교사 회의

프로젝트 활동에서 학습과정이란 때로는 공백기간도 있고 배운 것을 되풀이하기도 하면서 유아들과 흥미롭게 즐기면서 함께 전개해 나가는 경험을 말한다. 그러므로 교사는 프로젝트 주제와 관련된 활동과 환경 구성에 대한 연구를 지속적으로 해야 하며 유아 중심의 협동적인 그룹활동도 계획해야 한다(황연욱, 2007). 5주 동안 진행해 나갈 '축구' 프로젝트에 대한 교사들의 기초회의는 일주일에 6시간 이상 계속되었다. 교사들은 각각의 활동에 대해 전체적인 테두리는 계획하였지만 특정한 목표를 미리 정해 놓지 않고 유아들 자신의 생각, 가설, 선택 등을 고려한 후에 유아 스스로 자신의 질문에 대답하고 가설을 실험해 보고 자신의 생각을 탐색해 볼 수 있는 활동들을 계획하였다.

4. 환경 구성

(1) 초기 환경 구성

환경은 유아들과 상호작용을 할 수 있는 또 하나의 중요한 학습활동 매개체이다. 프로젝트 주제와 관련된 유아들의 흥미를 자아낼 수도 있고 지속적인 탐구를 유도할 수도 있기 때문에 프로젝트 활동에서의 환경은 주의 깊게 계획되어야 한다. 즉, 유아들이 프로젝트 활동에 능동적으로 참여할 수 있고 학부모의 참여를 유발시킬 수 있는 환경 구성이 필요하다(최소자, 2005). 교사는 유아들이 축구에 대해 보다 쉽게 이해하고 관심을 가질 수 있도록 축구화와 축구공을 교실에 비치해 두었다.

① 축구에 대한 인터넷 기사, 신문, 잡지 자료 비치
(축구하는 모습, 축구 경기장, 축구 응원 모습 등)

② 축구공 및 다른 종류의 구기종목 공 비치

③ 다양한 스포츠화 비치(축구화, 테니스화, 등산화, 볼링화 등)

(2) 후기 환경 구성

유아들에 대한 활동 기록과 유아들 자신이 했던 여러 가지 활동들을 전시해 둠으로써 모든 환경은 유아들에게 메시지를 전달하는 '교사' 가 되기도 한다. 프로젝트가 진행됨에 따라 시간과 각도를 재미있게 경험하도록 하기 위해 여러 가지 시계와 각도기, 도형 등을 준비하였다.

① 우리 반 친구들이 좋아하는 음식들과 5대 영양소 포스터

② 아날로그시계, 디지털시계, 모래시계

③ 각을 잴 수 있는 도형 (삼각형, 사각형)과 여러 가지 물건들

④ 유아들이 초기 프로젝트 활동에서 했던 활동물

5. 기간

9월 18일 ~ 10월 27일 (5주간), 주 3~4회, 하루 30~40분

6. 활동의 순서

(1) 사전 경험

① 선호도 조사

프로젝트를 시작함에 있어서 학부모 참여도 유발하면서 유아와의 상호작용을 활성화 시키기 위해 축구를 비롯한 여러 가지 운동 종목의 사진 자료를 가정에서 찾아보고 유치원에 보내줄 것을 부탁하였다. 월드컵과 아시안컵 경기는 축구에 대한 유아들의 관심을 고조시키기에 충분하였다. 교실 게시판과 벽에 전시되어 있는 축구와 관련된 신문기사, 잡지, 인터넷 자료 등을 보면서 유아 자신의 경험과 관련하여 이야기를 나누는 유아들을 많이 볼 수 있었다.

유아 1 이야~, 줄넘기 하는 사진이네~.

유아 2 여기 달리기 하는 사진도 있어.

유아 1 아니야, 마라톤이야.

유아 3 우리 아빠도 골프 잘하는데… 여기 사진에도 있어.

유아 4 나는 축구하는 사진이 제일 멋져!!

유아들은 자료를 보면서 서로가 좋아하는 운동 종목을 자연스럽게 이야기하게 되었다. 각자가 좋아하는 운동에 대해 이야기를 나누던 중 의견이 분분한 유아들 사이에서 "그럼, 어떤 운동이 제일 인기가 많은지 알아보자!" 라는 한 유아의 말에 대부분의 유아들이 호응을 하였다. 교사는 유아들이 투표를 할 수 있도록 스티커와 여러 가지 운동 종목이 적힌 선호도 표를 준비하였고, 유아들은 투표에 앞서 자신들만의 규칙을 만들었다.

〈유아들이 정한 규칙〉

- 스티커는 한 번만 붙이기
- 한 명도 빠짐없이 모두 참여하기
- 밀거나 새치기 하지 않고 질서 지키기

월드컵과 아시안컵 축구 경기 때문인지 대부분의 유아들은 축구를 선택하였고, 그 밖의 순위에는 줄넘기, 야구, 배드민턴, 테니스, 농구, 배구 등이 있었다.

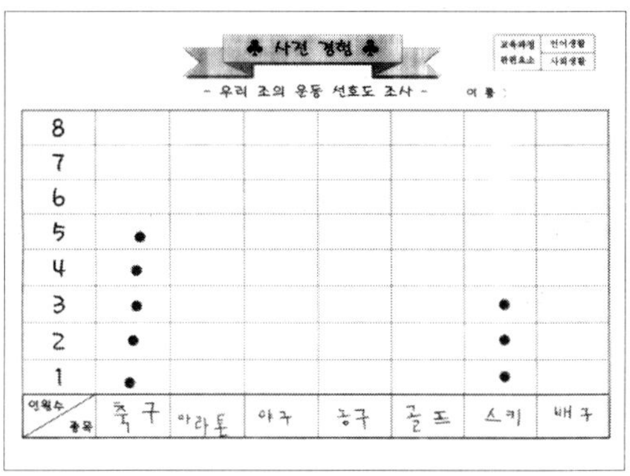

② 축구에 관련된 사진 스크랩하기

교실에 전시되어 있던 여러 가지 운동 사진들 중에서 축구에 관한 자료들만 선별하여 유아 각자 마음에 드는 사진을 붙이고 상황에 맞는 대화체도 넣어 생생한 축구 경기 현장을 표현하는 데 또 다른 재미를 느낄 수 있었다. 축구 선수의 공을 차는 모습, 응원하는 모습, 축구공, 붉은 악마 등의 축구자료를 모으며 유아들은 축구에 대해 보다 많은 관심을 가지게 되었다.

유아 1 이것 좀 봐. 프랑스 선수가 반칙해서 우리나라 선수가 다친 사진이야.

유아 2 난 붉은 악마가 응원하는 것만 붙일 거야.

유아 3 이야~, 내가 제일 좋아하는 박지성 선수야!

③ 축구 모습 표상하기

축구 사진을 스크랩하던 중 소란스럽게 이야기 나누는 유아들이 있어 교사는 그 대화에 참여하게 되었다.

유아 1 (사진의 모습을 흉내 내며) 이렇게 슛(헤딩)해서 골이 들어갔어.

유아 2 이 선수는 골인을 못하게 막고 있어.

교사 너희들 지금 무슨 이야기 중이니?

유아 1 우리나라 선수가 발이 아니라 머리로 이렇게 공을 쳤는데 골인했어요.

유아 2 맞아요, 프랑스 선수가 발로 차기 전에 머리로 먼저 쳤어요.

스크랩을 통해 선수들의 역동적인 모습을 표현하려는 유아들의 욕구에 따라 먼저 사진을 직접 표상해 보는 기회를 가지기로 하였다. 머리에 공이 맞는 장면, 골 세리머니 하는 장면, 반칙하는 장면 등, 실제 경기 중의 한 장면에 대해 자세히 표상하는 작업을 통해서 축구 경기에 대한 단순한 모습을 그리는 것에서 나아가 얼굴 표정과 눈동자의 시선 처리, 팔 · 다리 동작 표현에 있어서 뛰어난 관찰력과 표현능력을 보였다.

④ 축구 주제망(web) 짜기

축구에 대한 여러 활동이 진행되면서 유아들은 일상생활에서 축구에 대한 이야기를 주고받았다. 유아들의 생각을 정리해 보고자 자유선택 활동시간에 유아들의 토의 내용을 종이에 자유롭게 표현할 수 있도록 하였다.

교사 축구하면 뭐가 생각나니?

유아 1 축구화요.

교사 축구화?

유아 1 아빠랑 축구하러 일요일마다 학교 운동장에 가는데 엄마가 금색 축구화를 사 줘서 너무 좋았어요.

유아 2 저는 붉은 악마요. 저번에 텔레비전에서 축구 경기 할 때 엄마랑 같이 빨간색 옷을 샀어요.

유아 3 나는 지난 번에 유치원에서 만든 붉은 악마 머리띠가 아직 집에 있어!

유아들은 교사가 생각하지 못한 여러 나라, 월드컵, 점수판, 골대 등에 대해 이야기를 하였고, 교사는 이를 그림과 함께 표현할 수 있도록 격려하였다.

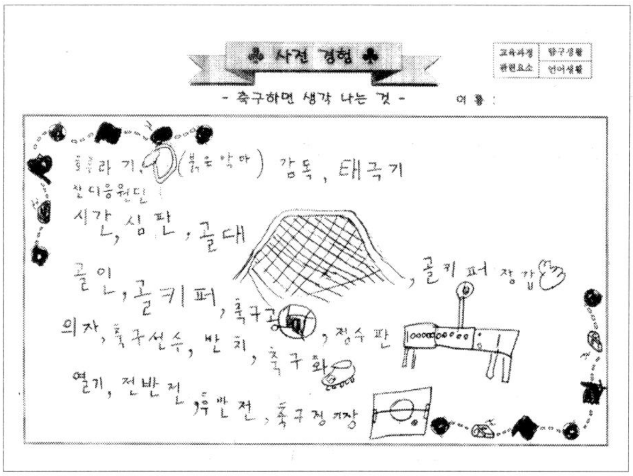

교사는 유아들의 축구에 대한 많은 지식을 집대성하여 유목화하면서 유아들도 자신의 축구 지식을 스스로 개념화할 수 있도록 일관성 있게 정리하였다. 교사는 유아들의 지식을 정리하면서 본격적으로 축구에 대한 호기심을 충족시킬 활동이 필요함을 인식하였다. 따라서 주제망으로 정리하기 시작했고, 주제망을 통해 유아들은 자신의 지식을 정리하면서 본격적으로 축구에 대한 호기심을 증폭시켰다.

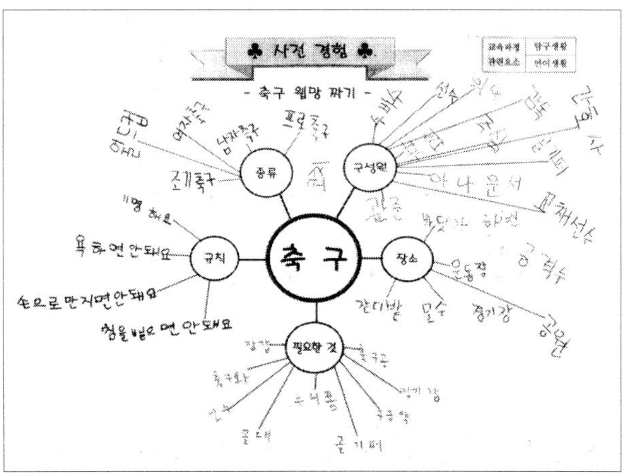

(2) 축구에 대한 경험과 이해

교사는 프로젝트를 진행함에 있어 유아들이 축구에 대하여 얼마나 알고 있는지 궁금하여 토의하는 시간을 가지기로 하였다.

교사 축구는 무엇일까요? 축구에 대해 이야기해 봐요.

유아 1 공을 발로 차는 거예요.

유아 2 골인하는 거예요.

유아 3 손으로 공을 만지지 않는 게 축구예요.

유아 4 11명이 한 팀이에요.

유아 5 전반전, 후반전이 있어요.

유아들이 생각하고 있던 의견들을 종합하여 '11명의 선수가 규칙에 따라 제한된 시간 안에 골대에 공을 많이 넣어 이기는 스포츠' 라는 구체적이고 정확한 축구의 의미를 알아내었다.

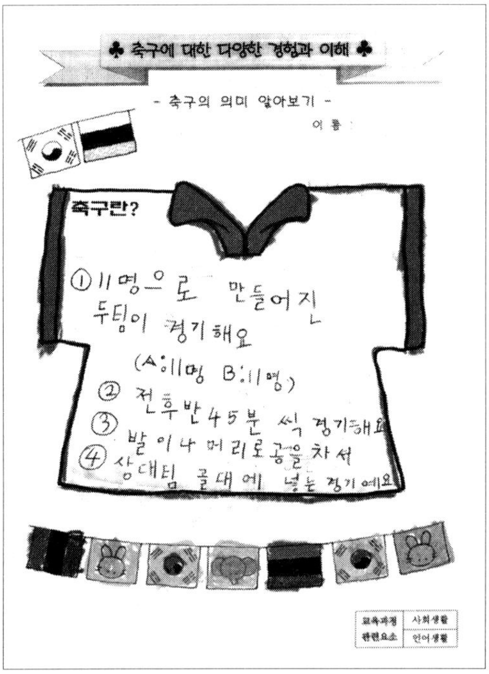

유아들은 교실에 전시되어 있던 축구 스크랩 자료를 보던 중 축구 경기 사진에 선수를 제외한 다른 사람들이 포함되어 있다는 것을 발견하였다.

유아 1 어? 이 사람은 (주심을 가리키며) 팀이 아닌데?

유아 2 누구?

유아 1 여기 빨간 옷 입고 있는 사람 말이야.

유아 2 정말이네. 이 사람 누구지?

유아들의 궁금증 해결을 위해 교사와 유아들은 축구 경기에 필요한 구성원에 대해 이야기를 나누었고, 유아들은 알고 있었던 구성원(골키퍼, 수비수와 공격수) 이외에도 또 다른 구성원(주심, 부심, 코치, 감독, 교체선수)과 구성원들이 하는 일에 대해서도 알아보았다.

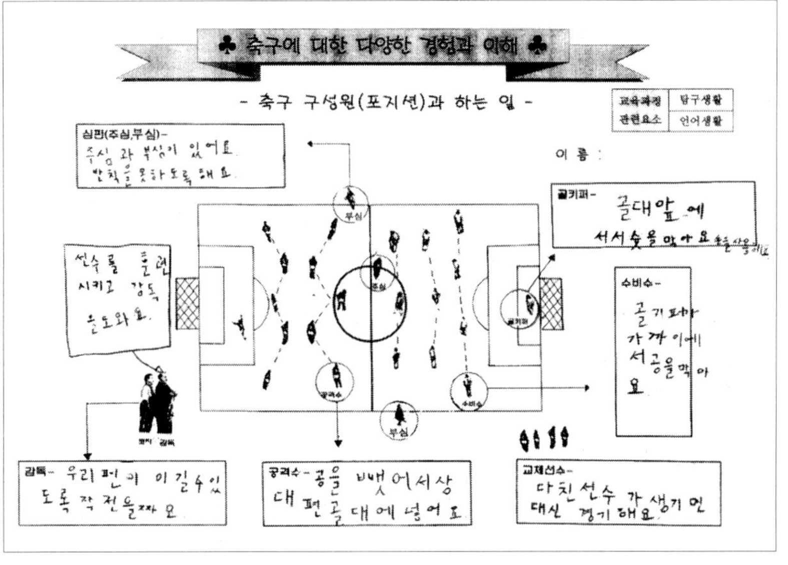

〈 축구 경기의 구성원과 하는 일 〉

구성원	하는 일
심판(주심, 부심)	• 반칙을 결정한다. • 레드카드와 옐로카드를 가지고 있다.
공격수	• 공을 빼앗아서 상대편 골대에 넣는다.
수비수	• 공이 가까이 오면 손을 쓰지 않고 막는다.
골키퍼	• 골대 앞에서 공을 막는다.
감독	• 팀이 이기도록 작전을 짠다.
코치	• 감독을 도와 선수들을 훈련시킨다.
교체선수	• 선수가 다치면 대신 경기를 한다.

축구의 의미와 구성원을 알아보는 과정에서 유아들의 축구에 대한 궁금증은 더욱 심화되었다. 특히 새로 알게 된 구성원 중 선수들의 반칙을 제지하는 심판에게 관심이 집중되었고, 주심과 부심이 하는 일과 위치, 그리고 주심이 가지고 있는 옐로카드와 레드카드의 의미에 대해서도 함께 알아보며 축구에 대한 지식을 넓혀 가는 기회를 가질 수 있었다.

유아 1 부심은 여기 선에 서 있어야 된대.

유아 2 안으로 들어가면 안 돼?

유아 1 안에는 주심 땅이야.

유아 3 선수들도 이 선 밖으로 나오면 안 돼. 왜냐하면 마음대로 나가면 옐로카드를 받는다고 했잖아.

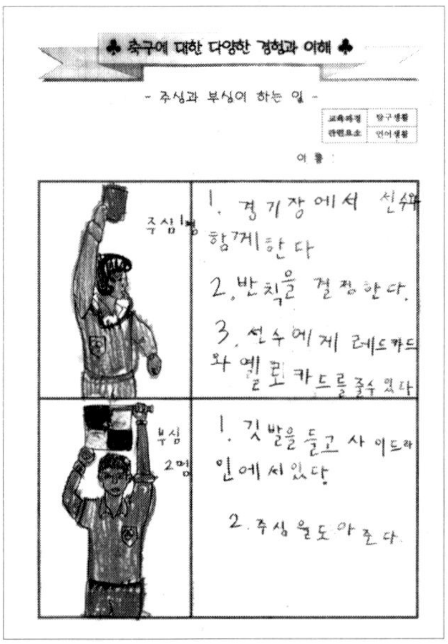

구성원의 위치를 살펴보던 중 경기장의 바깥쪽 선인 터치라인을 발견한 유아들은 경기장 구조에 대해 궁금해하였다.

유아 1 우리가 경기를 하려면 이것처럼 똑같이 운동장을 그려야 해.

유아 2 골대도 있어야 하고….

유아 3 그럼 이렇게 네모로 그리면 되잖아.

유아 4 아니야!! 내가 아빠랑 월드컵 경기장에 가봤는데 선들이 더 많이 있었어.

유아들은 자신이 경험했던 기억을 떠올리며 종이에 경기장을 그렸다. 유아들이 그린 초기 경기장 구조에서는 대략적으로 센터서클, 하프라인, 터치라인, 골대 등과 같은 선은 그려져 있었지만 각 선의 명칭에 대해서는 모르고 있었다. 교사는 유아들과 함께 세부적인 구조와 명칭을 알아보았다. 그 후 유아들은 경기장을 그릴 때 예전과는 달리 페널티킥 마크, 페널티킥 에어리어, 골 에어리어, 코너 에어리어까지 그리는 세밀함을 보였다.

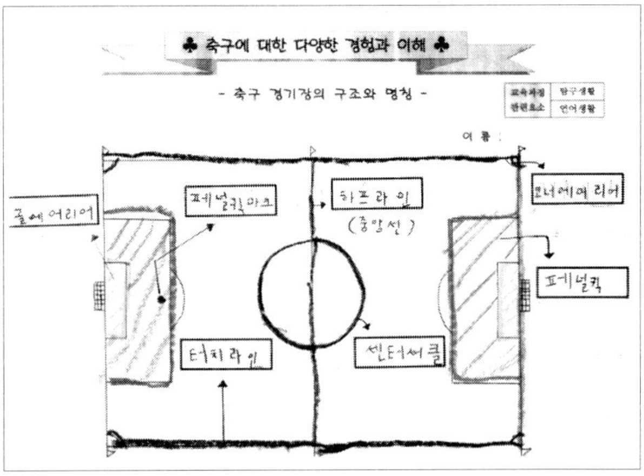

축구에 대한 마지막 경험과 이해로 경기 중에 지켜야 할 규칙과 또 경기를 볼 때 필요한 관람의 규칙도 알아보는 시간을 가졌다. 앞서 알아본 옐로카드와 레드카드의 의미를 토대로 선수가 지켜야 할 규칙과 매너를 알아보았고, 선수보다 관람을 많이 하고 또 하게 될 유아들에게 공공장소에서의 기본 예절과 경기장에서의 관람 규칙을 함께 정하고 알아봄으로써 보다 건전하고 예의바른 시민으로서의 자질을 갖추는 기회를 가졌다.

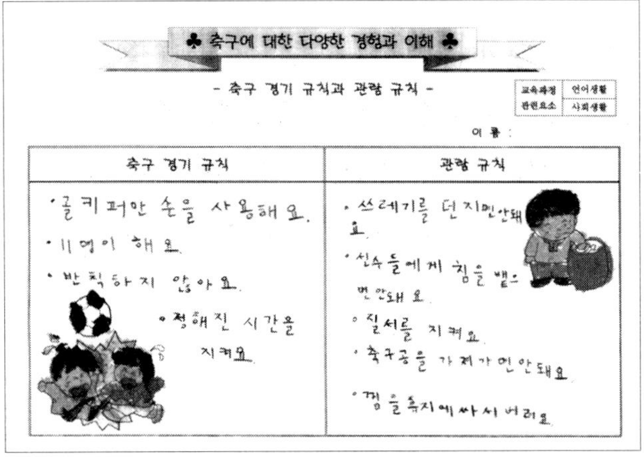

(3) 탐색활동

축구에 대한 기본 지식을 습득한 후 유아들은 운동장에 나가 축구 경기를 하기를 원했다. 유아들은 바깥놀이 시간에 자기들만의 규칙을 정하여 축구 경기를 진행하였다.

〈유아들이 만든 규칙〉

1. 선 밖으로 나가지 않는다.
2. 공은 발로만 찬다.
3. 공이 운동장 밖으로 나갔을 경우는 선생님에게 부탁한다.
4. 밀거나 잡아당기지 않는다.

축구 경기를 하면서 유아들은 공을 잘 차고 축구 선수처럼 잘 뛰기 위해서 축구화를 신고 유치원에 등원하는 유아가 늘어났다.

유아 1 축구화를 신었으니깐 골이 더 잘 들어가겠지?
유아 2 응, 그런데 축구화를 신으면 왜 공이 잘 들어가는 걸까?
유아 1 축구화는 우리가 신는 신발이랑 다르게 생겼잖아. 이것 봐.
유아 3 그래, 바닥이 울퉁불퉁해.

유아들은 축구화의 외형적인 모습을 관찰하던 중 축구화의 밑바닥에 관심을 나타내기 시작하였다. 유아들은 밑바닥의 무늬를 만져 보며 1학기 때 신발 프로젝트에서 보았던 바닥 무늬와 왜 다른지 궁금증을 가지고 좀 더 자세히 눈으로 확인해 보기를 원했다. 교사는 물감을 준비해 신발 바닥을 찍어 보는 활동을 하도록 격려했고, 유아들은 "올챙이 같아요." "눈이 오는 것 같아요." 등 찍어 본 밑바닥 무늬에 대해 이야기를 나누었다.

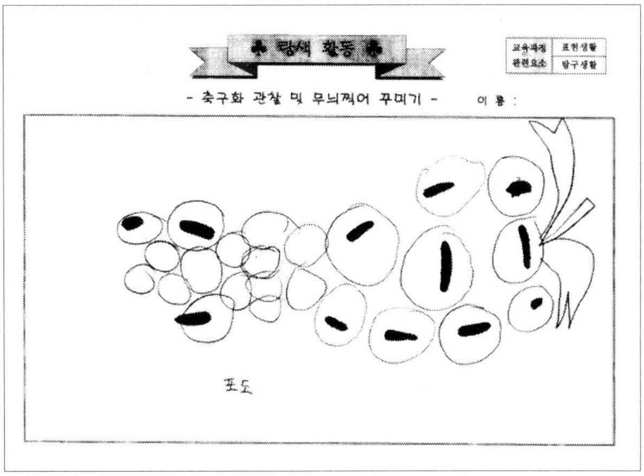

유아 1 그런데 왜 바닥무늬가 울퉁불퉁해?

유아 2 축구공을 잘 차려고 있는 거야.

유아 1 바닥이 울퉁불퉁한데 왜 축구공이 잘 차져?

유아들은 축구화의 밑바닥이 울퉁불퉁한 이유에 대해서도 궁금증을 가졌고 교사는 인터넷을 통해 축구에서 가장 중요한 달리기, 즉 빨리 멈추고 빨리 출발하기 위해 바닥 무늬가 울퉁불퉁하다는 사실을 찾아 유아들의 궁금증을 해결해 주었다.

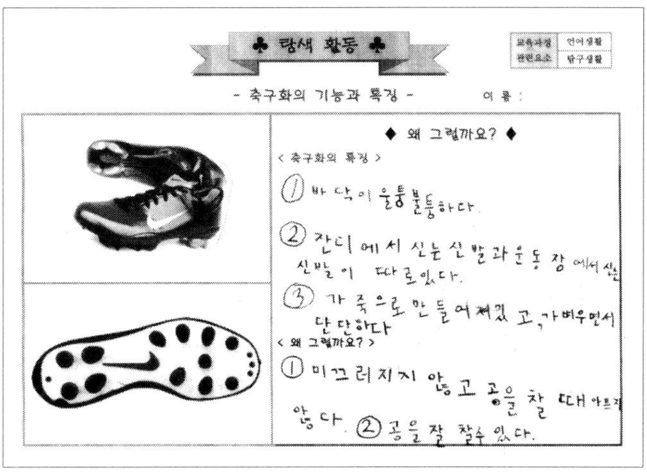

유아 1 그런데 축구화 말고 밑바닥 무늬가 다른 것도 있어?

유아 2 있어! 우리 집에는 아빠가 운동할 때 신는 신발이 따로 있어.

유아들은 축구화뿐만 아니라 다른 스포츠화들도 기능에 따라 밑바닥 무늬가 다르다는 것을 알고 여러 종류의 신발 밑바닥 무늬에 대해 호기심을 더해 갔다. 그래서 교사는 유아들에게 주위에서 쉽게 볼 수 있는 테니스화, 볼링화, 등산화, 조깅화 등을 관찰할 수 있는 기회를 주었고, 밑바닥 무늬를 물감으로 찍어 봄으로써 신발 밑바닥 무늬의 기능에 대한 궁금증을 해결하였다.

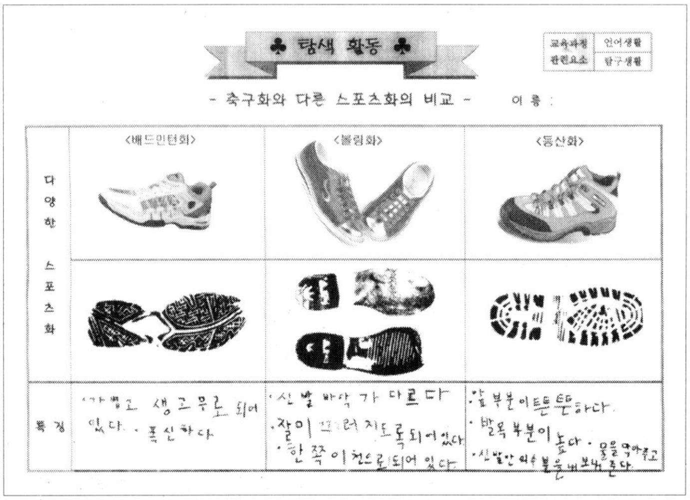

유아들은 축구 경기를 통해 축구공을 접해 봄으로써 축구공에도 관심을 가지게 되었다. 축구공을 관찰하면서 유아들은 축구공에는 도형이 있다는 것을 찾아내었다.

유아 1 선생님, 축구공에는 와이젤 교구(다양한 색과 도형이 많이 있는 수학교구) 모양이 있어요.

교사 모양이 어떻게 보이니?

유아 2 음…, 오각형과 육각형 같아요.

유아 3 맞아. 뾰족한 꼭지점이 5개가 있으면 오각형이라고 배웠잖아.

유아 2 오각형은 검정색이고, 육각형은 흰색이에요.

유아 3 검정색보다 흰색이 더 많아요.

축구공의 도형에 더욱 흥미를 느낀 유아들에게 축구공 전개도를 제시함으로써 유아들은 축구공을 구성하는 도형을 확인했다.

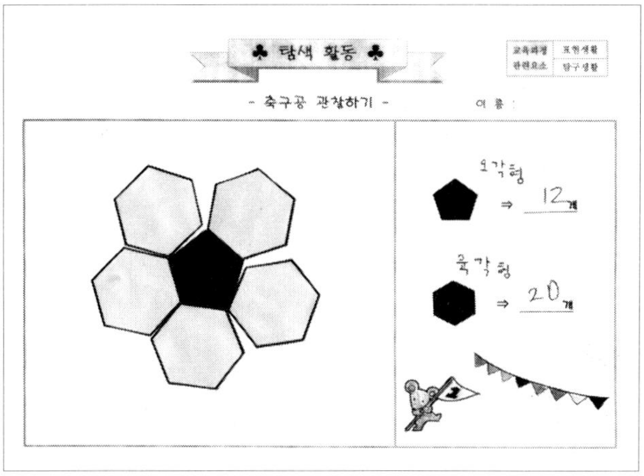

축구공만으로 축구를 하던 유아들은 '공을 좀 더 많이 차 보고 싶다'는 생각에 축구공이 아닌 다른 공으로도 축구를 하면 안 되겠냐고 교사에게 물어보았다. 교사는 유아들의 제안을 수용하여 축구공 이외에 다른 종류의 공도 준비하였으며, 유아들도 각자의 집에서 축구공 이외에 여러 가지 다양한 공을 가지고 왔다.

그 중에서 유아들은 축구공만한 크기의 공은 다 축구를 할 수 있을 거라는 예상을 하고 집에서 가지고 온 농구공을 가지고 축구를 하였다. 농구공을 가지고 축구를 한 유아들은 몇 가지 어려움을 이야기하였다.

첫째, "너무 무거워요."
둘째, "공을 차도 멀리 안 가요."
셋째, "딱딱해서 헤딩할 수 없어요."
넷째, "공을 찰 때 발가락이 너무 아파요."

이러한 문제점으로 인해 유아들은 농구공으로 축구를 할 수 없을 거라는 의견이 높아지면서 축구공과 농구공은 크기는 같거나 비슷하지만 무게와 촉감, 공의 무늬를 비롯하여 튀기는 정도가 다른 점 등 같은 점과 다른 점을 찾아보는 시간을 가졌다.

축구에 대한 전반적인 지식을 습득한 유아들은 많은 시간을 운동장에서 축구를 하는 데 보냈고, 축구화를 신거나 축구공을 들고 등원하는 유아들이 늘어났다. 교사는 유아들의 욕구를 충족시키고자 10월에 축구 대회를 계획하였다.

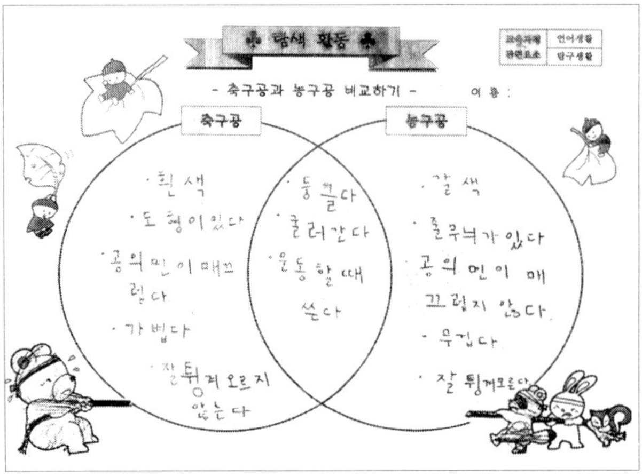

(4) 영양소 알아보기

유아들은 10월에 열릴 축구 대회에서 자신이 선수가 되고 싶다는 의지를 보였다. 선수가 되기 위해서는 축구 선수처럼 몸이 튼튼해야 한다는 의견이 모아졌다. 교사들은 인터넷에서 축구 선수들의 식단표를 찾아 축구 선수들은 어떤 음식을 먹는지 알아보고, 자기가 먹고 싶은 음식을 적어보는 활동도 하고 식단표를 보며 선수들의 밥상을 차려보는 가상 활동도 해보았다. 그리고 교사와 유아들은 인터넷과 음식 실물, 그림 자료를 가지고 영양소에 대해 깊이 있게 다루어보는 시간을 가졌다.

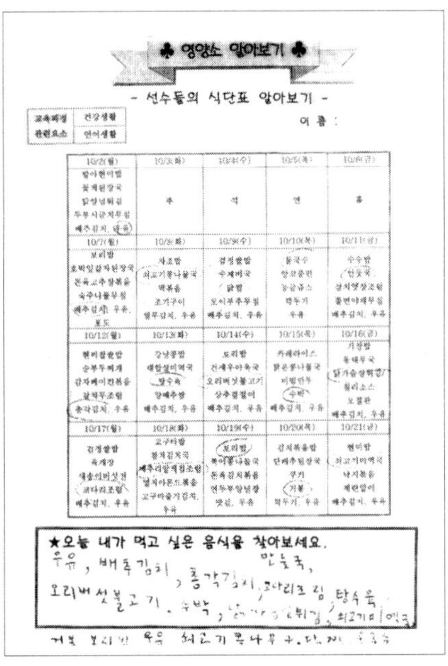

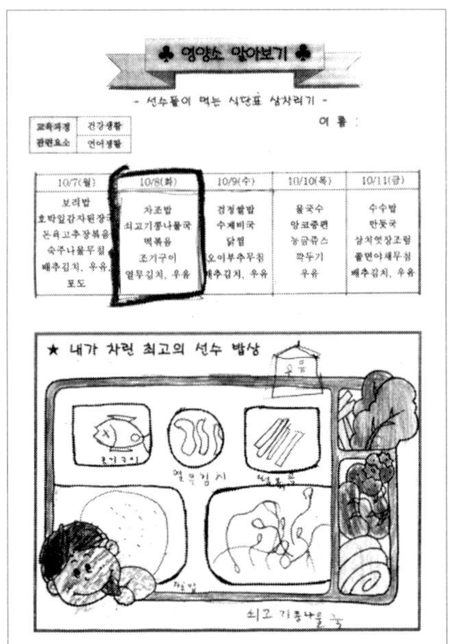

유아들은 먹는 음식마다 영양소가 다르고, 각 영양소(칼슘–뼈를 튼튼하게 하는 음식, 단백질–몸을 자라게 하는 음식, 탄수화물–힘이 나게 하는 음식, 비타민–병균을 예방하는 음식, 지방–열을 내는 음식)마다 몸에서 하는 일이 다르다는 것을 알게 되었다.

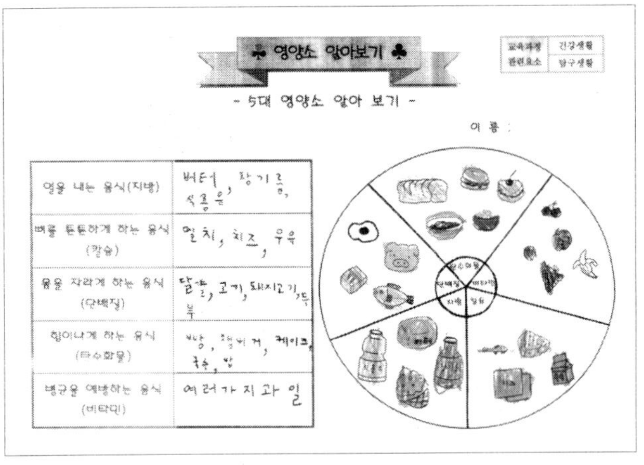

점심시간이면 오늘은 어떤 반찬이 있는지 메뉴에 대해 궁금해하던 유아들이 영양소에 대해서 알아본 후에는, "선생님! 멸치에는 칼슘이 들어 있죠?" "두부에는 단백질이 들어 있죠?" "김치에는 어떤 게(영양소) 들어 있어요?" "시금치를 먹으면 어디가 좋아져요?"라며 영양소에 대한 관심이 높아졌다.

이러한 유아들의 변화된 모습을 보면서 교사들은 유아들의 영양소에 대한 관심을 좀 더 구체화 시키고자 그 날 반찬을 말해 줄 때, "오늘 반찬은 우리 몸에서 뼈를 튼튼하게 하는 음식이 들어 있어. 뭘까? 짠!!" 하며 유아들의 호기심을 자극시켰다. 교사들은 회의를 통해 여러 가지 영양소가 들어 있는 음식을 직접 먹어 보는 기회를 가질 수 있도록 각 반 반찬을 담당하시는 분께 5대 영양소가 들어 있는 반찬을 부탁드렸다. 그리고 교사들은 4층 복도에서 5대 영양소가 들어 있는 음식대로 분류하여 뷔페식으로 음식을 차렸다.

유아들은 반찬을 받을 때 "칼슘(멸치 볶음) 주세요!" "나는 비타민(김치)을 많이 주세요." 라고 말을 하였고, 자기가 먹고 싶은 반찬을 골라서 맛있게 먹었다. 그 후 점심시간이면 김치, 시금치, 콩, 버섯 등을 편식하던 유아들도 편식이 많이 줄어들었다.

각 음식의 영양소에 대해 알아 본 뒤 유아들은 자신이 가져온 간식(과자, 요구르트, 초콜릿, 빵, 삶은 달걀)에 들어 있는 영양소에도 관심을 보였고, 교사는 유아들이 가져온 간식을 분류해 볼 수 있도록 각 반 교실에 5대 영양소 바구니(칼슘 바구니, 단백질 바구니…)를 준비해 두었다. 그리고 각 영양소 바구니의 간식이 몇 개인지 조사해 보고 기록할 수 있도록 기록지를 비치해 두었다. 간식을 분류하고 친구들이 가져온 영양소 바구니에 담겨 있는 간식의 개수를 조사해 보던 중 과자 봉지에 적혀 있는 영양 성분표를 발견하게 되었다.

유아 1 어! 여기에도 탄수화물이 들어 있어.

유아 2 내 것에도 있어.

유아 3 지방이랑 단백질도 있네.

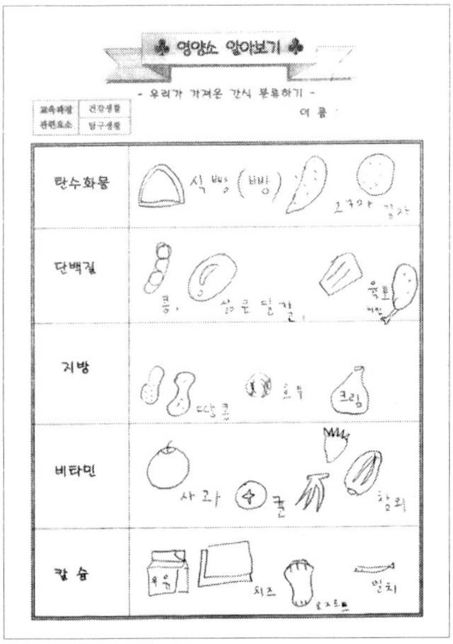

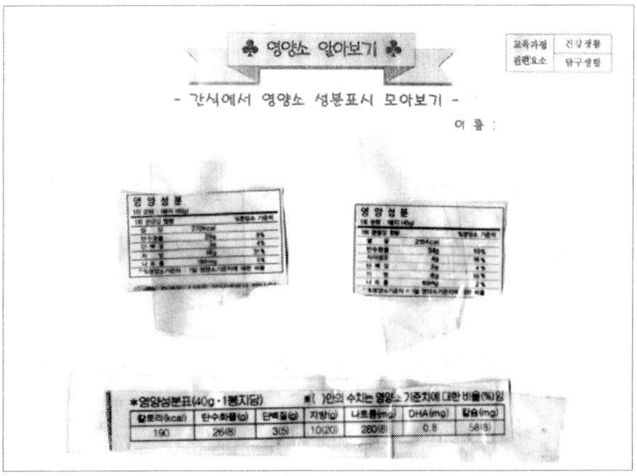

유아들은 간식의 영양 성분표를 오려서 모아 보는 활동을 즐거워했고, 각자의 집에서도 영양 성분표를 가져와 유아들끼리 비교하고 이야기하는 시간을 가졌다.

뷔페와 간식 분류하기를 통해 유아들은 좀 더 쉽고 재미있게 5대 영양소를 이해하고 지식을 획득하게 되었다.

(5) 상징화의 주기

주기 *1* 공이 잘 들어가지 않아요

영양소에 대해 알게 된 후 유아들은 축구 선수처럼 축구를 잘하기 위해 연습하는 시간이 많아졌다. 운동장에서 축구 경기를 하고 교실로 돌아온 유아들은 골인이 잘 되지 않는 것에 대해 이야기를 나누었다.

유아 1 골인이 잘 안돼, 왜 그렇지?

유아 2 네가 너무 살살 차서 골키퍼가 잡아 버렸잖아.

유아 3 조금 옆으로 차야 하는데 똑바로 차서 골인을 실패했어.

유아 4 네가 패스를 못해서 그래.

유아 2 골키퍼가 공을 너무 잘 잡아.

유아 1 선생님한테 물어보자!

유아들은 문제 상황의 해결을 위해 교사에게 도움을 요청하였다. 교사는 유아들의 공동 관심사를 반 전체 토의를 통해 해결하고자 하였다.

유아 1 선생님! 골인이 잘 안돼요. 어떻게 하면 골인을 잘해요?

교사 골인이 잘 안되는구나. 그럼 골인을 잘하는 친구는 한 명도 없니?

유아 2 ○○가 잘해요. 달리기를 잘해서 수비수를 다 이겨요.

유아 3 ○○도 잘해요. 힘이 세서 공을 '뻥' 하고 잘 차요

교사 그럼 골인을 잘하는 친구에게 한번 물어보기로 하자.
○○야. 어떻게 골인을 잘하니?

유아 4 수비수보다 빨리 뛰어가서 골대 앞에 아무도 없을 때 골인 하면 돼요.

유아 5 저는요, 골대를 잘 보고 그물 있는 쪽으로 넣어요. 그물이 없는 곳으로 차면 골인이 잘 안되잖아요.

교사 그렇구나! 공을 그물이 있는 곳으로 잘 넣으려면 어떻게 해야 하니?

유아 5 공을 골대랑 (방향을) 맞춰야 돼요. 우리 아빠가 그랬어요.

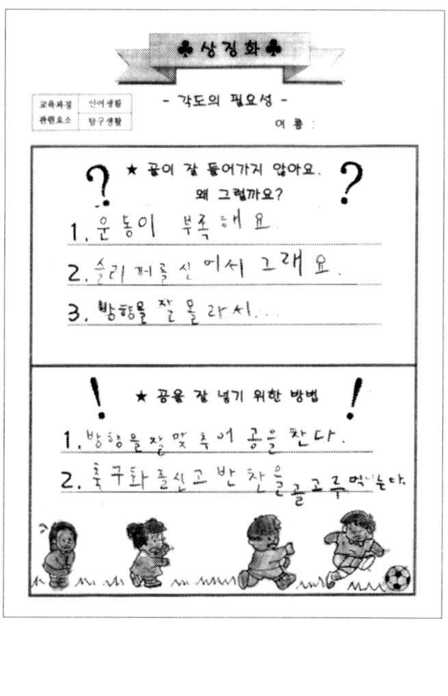

주기 2 공 위치에 따른 골 방향

교사는 골대를 향하는 공의 방향이 정확해야 골인이 된다는 것을 알려 주기 위해 골대가 그려진 종이에 공의 위치를 달리하여 골대로 공이 들어가는 길을 연필로 그려 보았다.

골인을 시킬 때 공의 위치에 따라 방향이 다르게 들어간다는 것을 알게 된 후, 직접 운동장에 나가 공을 차 봄으로써 골인이 되려면 공의 방향을 어떻게 조절해야 되는지를 체험하였다. 방향 조절하는 법을 알고 난 유아들은 경기 중 골인을 위해 공을 차는 친구에게 (방향을 가리키는 말로) 이쪽 또는 저쪽이라고 이야기하며 조언하였다.

유아 1 그쪽이 아니라 이쪽으로 차야 돼.

유아 2 이쪽 맞잖아.

유아 1 아니~~, 이쪽으로 조금 더~~!
(골인에 실패한다.)

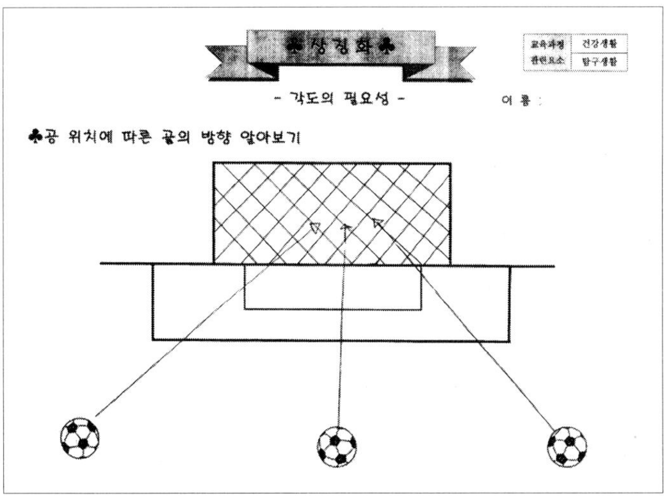

주기 3 각도기의 사용

유아들이 알고 있는 앞, 뒤, 옆(왼쪽과 오른쪽)을 벗어난 대각선의 모호한 방향으로 인해 상호작용에서 어려움을 느꼈다. 회의를 통해 교사들은 골인을 위한 정확한 방향을 알려 주기 위해 '각도'라는 단위를 제시하여 높은 수학적 경험을 제시하고자 하였다. 교사는 유아들에게

'각' 이라는 수학적 지식을 제공하면서, 각을 잴 수 있는 방법으로 '각도기' 를 제시하였다. 각도기를 사용해 본 경험과 기회가 부족한 유아들을 위해 각도기에 대한 흥미를 높이고자 각도기를 관찰하고 종이에 옮겨 보는 활동을 하였다. 유아들은 각도기를 종이에 옮겨 보는 활동에서 각도기의 숫자, 중심, 밑금, 눈금 등을 찾을 수 있었고, 교사는 각의 단위인 °(도)를 가르쳐 주었다.

각도기에 대한 기본적인 정보를 알게 된 후, 본격적으로 각을 재기 위해 교사는 유아들에게 각도기의 사용법에 대한 수학적 지식을 제공하였다.

각도기 사용법

1. 각의 꼭지점에 각도기의 중심을 맞춘다.
2. 각도기의 밑금을 각의 한 선에 맞춘다.
3. 각의 다른 선이 닿은 눈금을 읽는다.

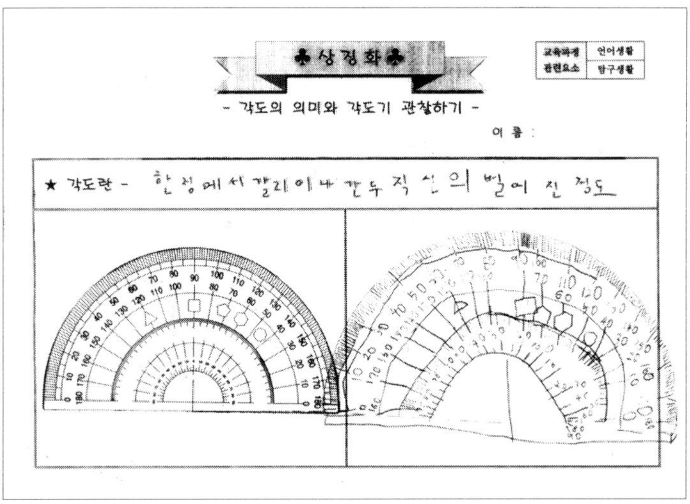

유아 1 선생님, 내 각도기에는 60°가 없어요.

교 사 왜 60°가 없을까?

유아 2 선생님, 얘는 각도기가 뒤집어졌어요.

유아 1 이 각은 60°네.

유아 2 아니야, 120°가 나오는데….

유아 1 어! 60°랑 120°가 같이 적혀 있네.

교사는 유아들이 각도기 사용에 있어서 몇 가지 시행착오를 겪고 있음을 알게 되었다.

- 읽어야 하는 눈금에서 어떤 숫자(큰 수와 작은 수)를 읽어야 할지 고민한다.
- 얇고 투명한 각도기의 앞 · 뒤를 구분하지 못한다.
- 각도기의 밑부분(각도기의 직선 부분)과 각도기에 그려져 있는 밑금을 혼동한다.
- 각도기의 중심을 꼭지점에 맞추지 못한다.

교사들은 회의를 통해 유아들이 각도기를 이용하여 좀 더 쉽고 재미있게 각을 잴 수 있도록 각 교실에 각을 잴 수 있는 구체물(평면 · 입체 도형-정삼각형, 정사각형, 직사각형, 직각삼각형, 직각이등변삼각형, 둔각이등변삼각형)과 각이 그려져 있는 활동지를 비치해 두었다.

유아들의 각도재기 활동은 일주일간 진행되었고, 각도를 재어 보는 활동이 많아지면서 유아들은 처음에 각도기를 접했을 때 겪었던 여러 가지 시행착오를 해결해 나갈 수 있었다.

주기 4 각도 재어보기

유아 1 (혼잣말을 하며) 각도기의 중심을 꼭지점에 맞추고….

유아 2 (유아 1에게) 이 도형의 선이랑 네 각도기의 선이랑 안 맞아. 그거 맞춰야 돼.

유아 1 이렇게? 그럼 120°야?

유아 2 아니야, 0부터 읽는 거니까 60°야.

유아 1 아~ 맞다. 자랑 닮았다고 했었지?

유아들의 각도기 사용이 원활해지고 각도에 대한 이해가 높아지면서 각도기를 가지고 교사가 비치해 둔 구체물 뿐만 아니라 교실의 여러 가지 사물들의 각을 재려고 시도하였다.

유아 1 칠판은 90°야!! 내가 재 봤어.

유아 4 트라이앵글은 60°네….

유아 3 우유곽도 90°인데….

유아 1 책상도 90°야~.

유아 2 시계도 잴 수 있는데….

유아 1 시계는 동그랗잖아. 어떻게 재는데~(시계들을 가리키며)?

유아 2 시계바늘이 두 개잖아. 바늘 두 개가 벌어져 있으니까 그걸 재면 돼.

유아 1 거짓말 하지마. 시계에 어떻게 각이 있어. 선생님한테 물어 볼거야.
선생님, ○○가 각도기로 시계도 잴 수 있대요. 잴 수 없죠~~~?

주기 5 시계 관찰 및 시계 보기

교사는 기대하지 못했던 유아들의 발견에 놀라움을 금치 못하였다. 시계는 일상생활에서 흔하게 접할 수 있고 쉽게 이해시킬 수 있는 최적의 구체물이라고 생각하였다. 유아들의 관심은 교실의 벽시계로 옮겨졌고, 관찰을 통해 숫자와 눈금, 시계의 중심, 긴 바늘과 짧은 바늘(시침)이 있다는 것을 알게 되었다.

시계에서 긴 바늘과 짧은 바늘의 개념을 설명하기 위해 교사는 유아들이 기억하기 쉽게 엄마바늘(긴 바늘)은 외출을 할 때 '분' 을 발라 분 바늘, 아기바늘(짧은 바늘)은 쉬할 때 '시~~' 하니까 시 바늘이라고 가르쳐 주었다.

프로젝트 활동에 있어서 교사의 역할 - 안내자 또는 조언자

시계에 대한 관심이 지속되도록 일상생활에서 "지금 아기바늘이 9에 있고 엄마바늘이 8에 있어서 9시 40분이야, 엄마바늘이 10에 가서 50분이 될 때까지 정리를 하도록 하자." "얘들아~! 아기바늘(엄마바늘)이 무슨 숫자를 가리키고 있니?" "오늘은 우리가 몇 시 몇 분에 점심을 먹는지 알아 보자!" "지금은 몇 시니?" 라고 물으며 시간에 대한 상호작용을 유도하였다. 시계에 대한 활동을 하는 중에도 유아들의 관심은 시계 바늘을 각도기로 재어 보는 데 집중되었다.

유아 1 선생님, 지금 각도기로 시계바늘의 각도를 재고 싶어요.
교사 (벽시계를 가지고 와서) 그럼, 너희들이 한번 재어 보겠니?
유아들 네~!

유아들은 각도기를 들고 와서 시계의 유리 위에 각도기를 놓고 각도를 재기 시작하였다. 그러나 유아들의 예상과는 달리 시계의 각도 재기는 어려움이 있었다.

유아 1 선생님, 잘 안돼요.
유아 3 바늘이 자꾸만 움직여요.
유아 4 시계 약(건전지) 빼면 되지.

교사는 유아들의 요구에 따라 건전지를 빼 주었다.

유아 1 위로 좀 더 올리라고!
유아 2 (짜증을 내며) 여기잖아!
유아 1 여기서 보면 선이 안 맞아.
유아 2 바늘이 유리 안에 있어서 각도기랑 맞추기가 힘들어요.
유아 1 (실망하며) 선생님, 잘 안돼요.

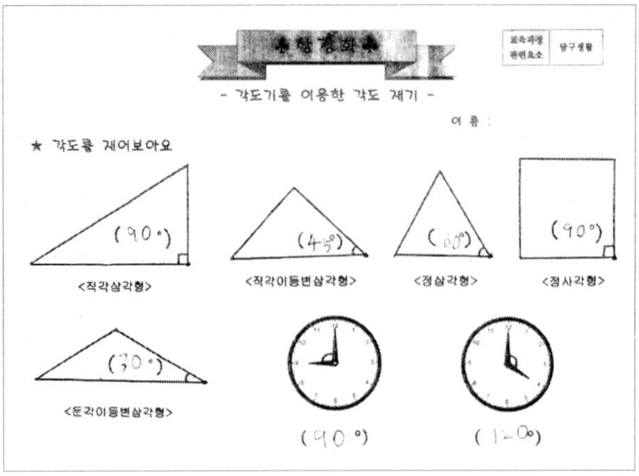
♣상징화♣
교육과정 관련요소 탐구생활
- 각도기를 이용한 각도 재기 -
이 름 :
★ 각도를 재어보아요
<직각삼각형>
<직각이등변삼각형>
<정삼각형>
<정사각형>
<둔각이등변삼각형>

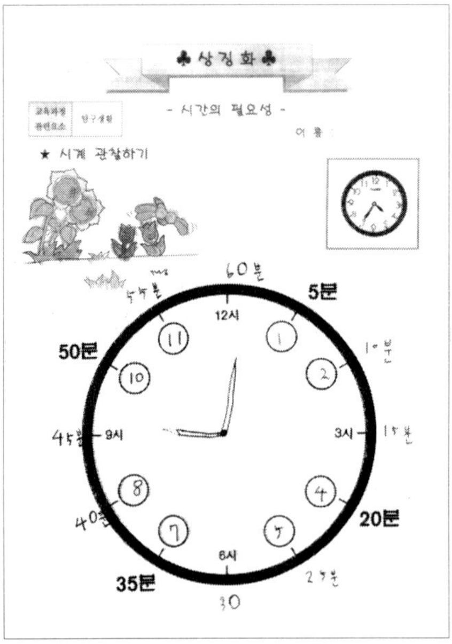
♣상징화♣
교육과정 관련요소 탐구생활
- 시간의 필요성 -
이 름 :
★ 시계 관찰하기
5분
12시
50분
9시
3시
20분
6시
35분

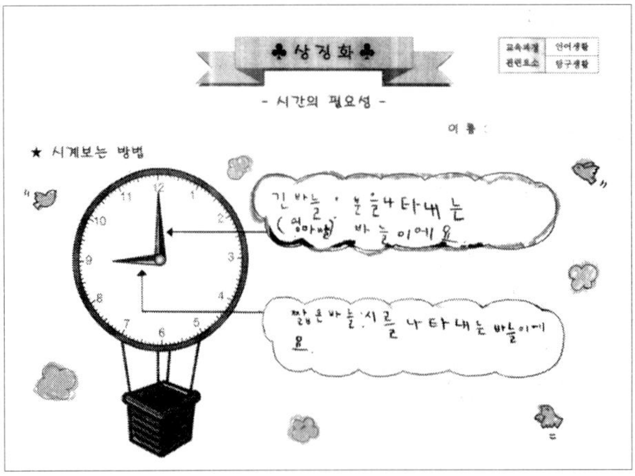
♣상징화♣
교육과정 관련요소 언어생활 탐구생활
- 시간의 필요성 -
이 름 :
★ 시계보는 방법

주기 6 시간과 각도의 관계

교사는 바늘이 움직이지 않고 유리가 없어 바늘 위에 직접 각도기를 놓을 수 있는 모형 시계를 제시해 주었다. 재어 보고 싶은 시간을 각도로 재어 보는 활동이 활발히 이루어졌고, 유아들은 시간과 각도의 관계를 조금씩 알아가기 시작하였다.

시간과 각도의 관계

- 1시는 30° 입니다.
- 2시는 60° 입니다.
- 3시는 90° 입니다.
- 4시는 120° 입니다
- 5시는 150° 입니다.
- 6시는 180° 입니다.

시간과 각도의 관계를 알게 된 유아들은 바깥놀이 시간에 이루어지는 축구 경기에서 방향을 가리키는 말로 "이쪽, 저쪽"이라는 말보다 구체적인 말을 사용하기 위해 교실에서의 충분한 연습 시간을 가졌다(단, 골키퍼가 없다고 가정함).

공 위치에 따른 골인의 방향을 알아 보기 위해 제시하였던 활동물을 유아들에게 다시 보여 주며 방향의 단어 사용에 대해 이야기를 나누었다.

교사 첫 번째 공을 골인시키려면 몇 시 방향으로 차야 할까?

유아 1 1시 방향이요.

유아 2 2시도 들어가요.

교사와 유아들은 직접 시계가 되어 보는 쉽고 재미있는 체험활동(오른팔은 짧은 바늘, 왼팔은 긴 바늘로 함)을 통하여 두 팔을 일정하게 벌려 보면서 시간의 간격을 경험하고, 그 간격에 따라 각도의 다름을 직접 신체로 느껴 보았다.

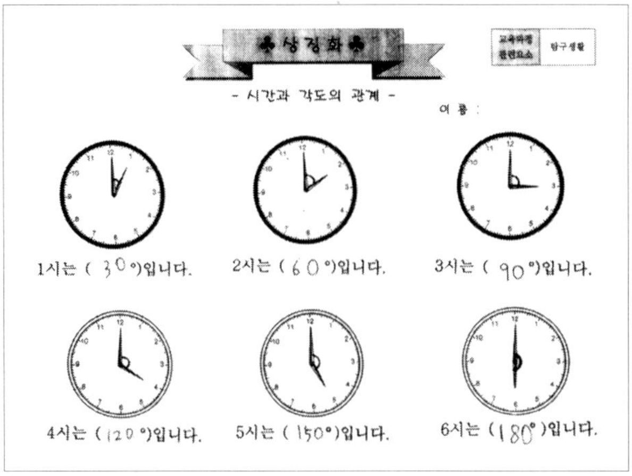

(6) 축구 대회

① 선수 선발

축구 대회 날이 점점 다가올수록 유아들은 대회에 대한 기대가 높아지기 시작하였다. 먼저 각 반에서는 축구 경기에 나갈 선수를 선정하기로 하였다.

교사 우리 반 대표로 어떤 친구들이 좋을까?

유아 1 달리기를 잘하는 ○○요.

유아 2 내가 할래요. 내가 하고 싶어요.

유아 3 나 저번에 공 넣어 봤어요.

유아 4 공을 잘 막는 친구요.

유아 5 선수는 튼튼해야 돼요.

유아 3 투표해서 뽑아요.

교사 그럼 선수를 몇 명 뽑으면 좋을까?

유아 1 원래 11명이니까 11명 뽑아요.

유아 2 바깥놀이 시간에 축구했을 때 너무 좁았잖아. 그러니까 11명은 너무 많아.

교사들은 원활한 축구 대회를 위해 교사 회의를 하였다. 그 결과 토너먼트식의 경기 방법은 결승에 진출하지 못하는 반의 흥미가 저하될 뿐만 아니라 22명의 유아가 경기를 하기에는 유치원 운동장이 협소하다고 판단되었다. 그래서 유치반 여섯 반 중 세 반이 한 팀이 되어 골키퍼 1명, 선수 5명으로 각 반에서 2명씩의 선수들을 선발하기로 결정하였다.

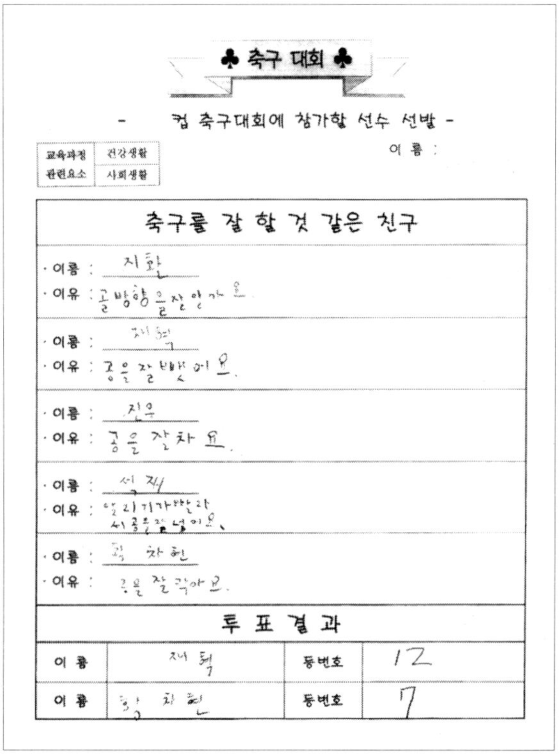

♣ 축구 대회 ♣

- 컵 축구대회에 참가할 선수 선발 -

이 름 :

교육과정	건강생활
관련요소	사회생활

축구를 잘 할 것 같은 친구
· 이름 : 지환 · 이유 : 골방향을잘알아요.
· 이름 : 채혁 · 이유 : 공을 잘 뺏어요.
· 이름 : 진우 · 이유 : 공을 잘차요.
· 이름 : 석재 · 이유 : 달리기가빨라서공을잘넣어요.
· 이름 : 황 차헌 · 이유 : 공을 잘 막아요.

투 표 결 과			
이 름	채혁	등번호	12
이 름	황 차헌	등번호	7

② 규칙 만들기

축구 경기 또한 기존의 축구 규칙을 토대로 우리 유치원컵만의 규칙을 정하기로 하였다. 축구 경기가 45분인 것을 이미 아는 유아들은 우리 유치원컵 경기도 45분을 하고 싶어 했다.

유아 1 시간은 45분으로 해요.

유아 2 안 돼. 너무 길어서 쓰러질거야.

유아 3 나는 할 수 있을 것 같은데….

유아 1 45분이 얼만큼이에요?

교사는 경기 시간을 정하기에 앞서 유아들과 함께 5분 동안 운동장에 나가 축구 경기를 해 보기로 했다. 시간 조정의 필요성을 인식한 교사는 유아들에게 시간 체험의 경험을 제공해 주기로 했다.

(밖으로 나가서)

교 사 선생님이 '시작' 하면 축구를 시작하고 탬버린을 치면 축구하는 것을 멈추는 거야.

유아 1 우와~ 재미있겠다. 빨리 해요.

유아 2 나는 골키퍼 해야지.

교 사 (5분 경과 후, 탬버린을 흔들며) 그만! 멈추세요.

유아들은 모두 모여서 체험활동에 대한 이야기를 해 본 결과, 5분의 축구 경기가 힘들었다는 친구도 있었고 짧게 느껴졌다는 친구들도 있었다. 교실에 돌아온 유아들은 선수로 뽑힌 친구들에게 "힘들었어?" "아니, 더 할 수 있는데 아쉬웠어." "그럼, 얼만큼 더 할 수 있어?" 라는 대화를 주고 받으며 유아들 스스로 시간을 조정하였다.

그 결과, 유아들은 45분의 축구 경기 시간을 '10분' 으로 정하였고, 또 다른 규칙으로 반칙을 결정하는 심판을 교사에게 부탁하였다.

☆ 우리 유치원컵 축구 규칙☆

1. 시간 : 전반전 10분, 후반전 10분, 휴식 5분
2. 인원 : 선수 5명, 골키퍼 1명, 모두 6명
3. 심판 : 선생님

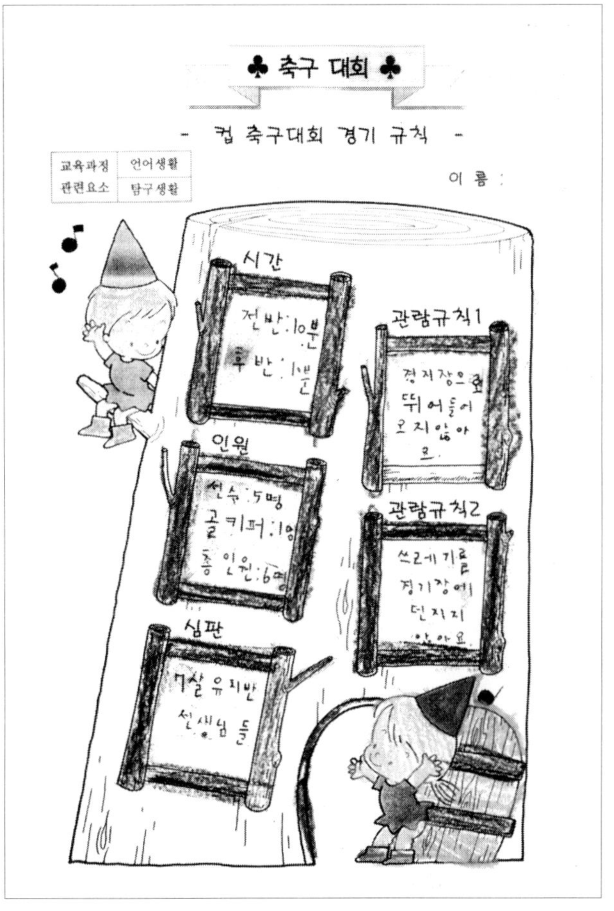

③ 포스터 및 현수막 제작

축구 프로젝트에 참여한 유아들은 다른 사람들에게 축구 대회를 알리고 싶어 했다. 등원하는 유치원 버스 안에서 유아들은 유아반 동생과 유치원 버스 기사님에게 축구 대회를 한다고 자랑하였다.

교사 축구 대회를 다른 사람들에게 알리려면 어떻게 하면 좋을까?

유아 1 만나서 말로 하면 돼요.

유아 2 못 만나면 어떻게 해?

유아 3 말하다가 까먹으면 어떻게 해?

유아 4 글자로 적어서 보여 주자.

유아 1 아~! 그거 좋겠다.

유아 2 내 동생은 글자를 모르는데… 그림도 그리자!!

축구 대회를 가장 잘 전달할 수 있는 방법을 토의하여 포스터와 현수막을 제작하기로 하였다. 유아들은 축구 대회를 알리고자 경기 날짜, 경기 시간, 경기 장소를 정해 포스터를 그린 후 유치원 곳곳에 붙였고, 각 반에서는 "우리 유치원컵 축구 대회" 글자를 하나씩 나누어 각 반별로 꾸민 후 운동장에 현수막을 붙였다.

④ 대회 및 시상식

드디어 유아들이 기대하고 준비하였던 축구 대회 날이 되었다. 교사들은 운동장에 물 주전자를 이용하여 경기장 구조를 그렸고, 주심의 옐로카드와 레드카드, 호루라기, 축구공, 구급약 등을 준비하였다. 선수들은 반을 대표하여 축구 경기에 출전한다는 마음으로 들떠 있었고, 응원하는 유아들은 운동장 가장자리에 자리를 잡고 자기 반의 우승을 기원하며 풍선 색깔을 정해 대회 시작 전부터 열띤 응원전을 펼쳤다. 선수들이 입장하자 응원석에서는 박수소리와 함성소리가 떠나질 않았고, 선수들의 표정에서는 우승에 대한 의지가 엿보이는 듯했다. 원장선생님의 인사말씀과 각 반 대표선수 소개가 이어졌고, 각 반 선수들의 이름이 불려질 때마다 커다란 박수와 함성이 터져 나왔다.

청팀(백합, 달님, 별님)과 백팀(햇님, 개나리, 진달래) 선수들은 하프라인 선을 기준으로 일렬로 마주 보며 페어플레이를 약속하는 악수를 나누었다.

심판의 호루라기 소리와 함께 드디어 경기가 시작되었다. 열띤 응원 속에서 양팀 모두 골을 넣기 위해 자신의 포지션에서 최선을 다한 결과 청팀의 공격수가 첫 골을 넣자 유치원 운동장은 큰 함성소리로 열광의 도가니가 되었다. 담장을 넘어간 응원소리에 지나가던 사람들도 발걸음을 멈추고 축구 경기를 관람하기도 하였다. 1 : 0으로 전반전이 끝나고 휴식시간에 모인 선수들은 물로 목을 축이며 후반전을 위해 작전을 세우고 파이팅을 외쳤다. 지고 있는 백팀을 응원하는 친구들은 "잘 할 수 있어." "힘내!!" 라는 말로 격려를 아끼지 않았다. 후반전을 알리는 심판의 호루라기 소리와 함께 경기가 다시 시작되었다. 시간이 지남에 따라 조금은 지친 표정이었지만 끝까지 팀을 승리로 이끌고자 하는 모습은 여느 축구 선수와 다름이 없었다. 전반전부터 주도권을 잡고 공을 몰았던 청팀이 3 : 1로 우승을 차지하였다. 우승한 청팀은 승리의 기쁨으로 가득 차 있었고, 최선을 다하였지만 우승하지 못한 백팀은 아쉬움을 감추지 못하였다.

축구 대회의 열기가 가라앉지 않은 채 시상식이 이루어졌다. 시상식에서는 우승상뿐만 아니라 규칙상, 질서상, 응원상이 각 반별로 수여되었다. 각 반 유아들과 기념 촬영을 하며 축구 대회는 마무리되었고 결과에 연연해하지 않고 최선을 다하는 모습을 보여준 유아들이 있었기에 성공적으로 경기를 마칠 수 있었다. 대회가 끝난 후에도 유아들은 축구 경기에 지속적인 관심을 가지고 바깥놀이 시간마다 친구들과 규칙을 만들어 경기를 하였다. 이는 유아들이 프로젝트 주제와 관련된 활동에 자발적으로 참여하였다는 것을 단적으로 보여주는 것이다.

축구 프로젝트를 통해 유아들은 신체적 발달을 충족시켰으며 다른 사람과의 협동을 통해 즐거움을 알게 되었다.

♣ 축구 대회 ♣
교육과정 관련요소 건강생활 사회생활
- 축구 대회 -
달님, 별님, 백합반 파이팅!!
개나리, 진달래, 햇님반 화이팅!!
패스~패스~ 여쪽으로 패스해야지~~
골대를 향해 슛~~!!!!
우리팀 이겨라~!! 이겨라~!!
짝-짝-짝- 어화 파이팅^^
짝-짝-짝-
최선을 다한 두팀이 서로 악수를 하며 격려하고 있어요
잘했어~ 너도 잘하던데. 너도 멋있었어^^

♣ 축구 대회 ♣
교육과정 관련요소 건강생활 사회생활
- 시상식 -
승리의 V를 나타내며...
우승팀은 달님반 입니다.
우 승
우 승
우 승
정말 멋쟁이는 규칙을 잘~ 지킨다구요~^^
우승팀은 별님반입니다~축하합니다~.
축하합니다~ 앗싸~ 우리가 이겨서
기분이 너무 좋아~
우리가 이겼어요~ 축하해 주세요~
우승팀은 백합반입니다~
경기 규칙을 잘 지킨 반에게 주는
규칙상을 햇님반이 받았어요~
규칙상
응원상
질서상
멋진 응원을 보여준 반에게 주는 응원상은
개나리 반이예요.
질서를 잘 지켜 경기를 더욱 즐겁게 해준
진달래반 질서상을 받았어요~

참고문헌

박대근 (2001). 3,4,5세 유아의 대근육 운동발달경향 조사. **유아교육학논집**, 5(2), 131-160.

최소자 (2005). **프로젝트 접근법의 사례 연구 4**. 서울: 창지사.

황연욱 (2007). A case study of the assessment practices and beliefs of teachers employing the project approach in a kindergarten. **미래유아교육학회지**, 14(2), 257-291.

Helm, J. H. (1999). Projects! Exploring children's interests. *Scholastic Early Childhood Today, 13*(6), 24-31.

Helm, J. H., & Katz, L. G. (2001). *Young investigators: The project approach in the early years.* New York: Teachers College Press.

Katz, L. G., & Chard, S. C. (2000). *Engaging children's minds: The project approach*(2nd ed.). Stamford, CT: Ablex.

Maple, T. L. (2005). Beyond community helpers: The project approach in the early childhood social studies curriculum. *Childhood Education, 81*(3), 133-138.

Schuler, D. (2000). The project approach: Meeting the state standards. *Early Childhood Research and Practice, 2*(1). Retrieved March 1, 2006, from http://ecrp.uiuc.edu/v2n1/schuler.html

Sloane, M. W. (2004). Tailoring your teaching with the project approach. *Kappa Delta Pi Record, 40*(4), 175-179.

Trepanier-Street, M. (1993). What's so new about the project approach? *Childhood Education, 70*(1), 25-28.

Youngquist, J., Edwards, C. P., & Heaton, R. (2005). Collaboration as a foundation for the project approach in family child care. *Young Children, 60*(3), 93-99.

건강생활 평정 척도

영역	구 분	내용 체계	평가 기준	평정 척도	비 고
건강생활	감각 및 신체 인식	신체를 인식하고 움직이기	1. 축구 선수들의 모습을 보고 흉내 낼 수 있는가? 2. 발로 공을 찰 수 있는가? 3. 공을 주고받을 수 있는가?	1 2 3 4 5 1 2 3 4 5 1 2 3 4 5	1.0 사전 경험 1.2 축구에 관련된 사진 스크랩하기 1.3 축구 모습 표상하기
	기본 운동 능력	비이동 운동하기	1. 축구 경기를 하기 전에 준비 운동을 할 수 있는가?	1 2 3 4 5	
		이동 운동하기	1. 자기편에게 공을 전달할 수 있는가? 2. 공을 자유롭게 다룰 수 있는가?	1 2 3 4 5 1 2 3 4 5	
		신체 활동에 참여하기	1. 축구 놀이에 관심을 보이는가? 2. 축구 놀이에 즐겁게 참여할 수 있는가?	1 2 3 4 5 1 2 3 4 5	
	건강	주변을 깨끗이 하기	1. 사용한 축구공을 제자리에 정리할 수 있는가?	1 2 3 4 5	4.0 영양소 알아보기
		적절히 휴식하기	1. 놀이 상황과 휴식을 구분하고 축구에 집중할 수 있는가? 2. 축구 놀이 후에 스스로 휴식을 취할 수 있는가?	1 2 3 4 5 1 2 3 4 5	6.0 축구 대회
		즐겁게 생활하기	1. 축구 활동을 통해 긴장감을 해소하고 즐거움을 느낄 수 있는가? 2. 친구들과 협동하며 활동을 즐기는가?	1 2 3 4 5 1 2 3 4 5	6.3 포스터 제작
		바른 식생활하기	1. 우리 몸을 튼튼하게 해 주는 음식을 알 수 있는가? 2. 여러 사람들과 함께하는 자리에서 음식을 올바르게 먹는가? 3. 영양소에 대해 알고 있는가?	1 2 3 4 5 1 2 3 4 5 1 2 3 4 5	
	안전	안전하게 놀이하기	1. 축구 경기를 하기에 안전한 장소와 축구 경기 규칙을 아는가?	1 2 3 4 5	
		위험한 상황 알고 대처하기	1. 위험한 상황에 대한 인식을 할 수 있는가? 2. 위험한 상황에서 도움을 청할 수 있는가?	1 2 3 4 5 1 2 3 4 5	

사회생활 평정 척도

영역	구 분	내용 체계	평가 기준	평정 척도	비 고
사회생활	집단생활	다른 사람을 이해하고 존중하기	1. 의견 차이가 있을 때 서로 의논하여 조정할 수 있는가?	1 2 3 4 5	1.0 사전경험 1.1 운동사진 스크랩 및 선호도 조사 1.4 축구 웹망 짜기 2.0 축구에 대한 다양한 경험과 이해 2.6 경기 규칙 6.0 축구 대회 6.1 선수 선발 6.2 유치원컵 규칙 6.0 축구 대회 6.3 포스터 제작 5.0 상징화의 주기 5.4 각도기 관찰 및 사용법 알기 5.6 시계 관찰하기 2.0 축구에 대한 다양한 경험과 이해
			2. 서로의 느낌과 원하는 것을 말하고 표현할 수 있는가?	1 2 3 4 5	
			3. 서로의 이야기를 잘 들어 줄 수 있는가?	1 2 3 4 5	
			4. 대다수에 의한 규칙에 양보하면서 소수의 입장을 존중할 수 있는가?	1 2 3 4 5	
			5. 자신의 주장에 대한 정당한 이유를 제시할 수 있는가?	1 2 3 4 5	
		축구경기 규칙 이해하고 지키기	1. 규칙을 분명히 알고 다른 사람에게 전달할 수 있는가?	1 2 3 4 5	
			2. 선수 선발에 대한 논쟁을 가라앉힐 수 있는 공평한 방법을 제시할 수 있는가?	1 2 3 4 5	
			3. 경기 관람 시 지켜야 할 약속을 알고 바른 태도로 행동할 수 있는가?	1 2 3 4 5	
			4. 규칙이 상황에 따라 다르게 적용됨을 알고 있는가?	1 2 3 4 5	
			5. 규칙을 긍정적인 방향으로 이끌어 낼 수 있는가?	1 2 3 4 5	
		두레의 소중함을 알고 협력하기	1. 축구 경기 현수막(포스터)를 만들 때 서로 협력해야 하는 일을 알고 실천할 수 있는가?	1 2 3 4 5	
	안전	정보자료에 관심 가지기	1. 각도기와 시계에 관심을 가지는가?	1 2 3 4 5	
			2. 각도기의 사용법을 알고 활용할 수 있는가?	1 2 3 4 5	
			3. 축구에 대한 자료를 모아 볼 수 있는가?	1 2 3 4 5	

표현생활 평정 척도

영역	구 분	내용 체계	평가 기준	평정 척도	비 고
표현생활	탐색	형태 탐색하기	1. 의견 차이가 있을 때 서로 의논하여 조정할 수 있는가?	1 2 3 4 5	1.0 사전경험 1.3 축구하는 모습 표상하기 3.0 탐색활동 3.1 축구화 관찰 및 무늬 찍어 꾸미기 1.0 사전경험 1.2 축구에 관련된 사진 스크랩하기 1.3 축구하는 모습 표상하기 3.0 탐색활동 3.1 축구화 관찰 및 무늬 찍어 꾸미기
		움직임 탐색하기	1. 축구하는 모습을 보고 움직임에 관심을 가지고 살펴보는가?	1 2 3 4 5	
	표현	그림 그리기	1. 축구하는 모습의 사진을 보고 자신의 생각과 느낌을 창의적으로 그려 보는가?	1 2 3 4 5	
		만들기와 꾸미기	1. 자신이 꾸미고 싶은 작품을 스스로 계획할 수 있는가? 2. 여러 가지 재료와 도구를 활용하여 축구화 밑바닥 무늬를 창의적으로 꾸밀 수 있는가?	1 2 3 4 5 1 2 3 4 5	
		통합적으로 표현하기	1. 책, 신문, 잡지와 같은 자료를 이용하여 통합적으로 표현할 수 있는가?	1 2 3 4 5	
	감상	자연과 사물 및 조형 작품 감상하기	1. 다양한 축구 모습 표상하기 작품을 보고 생각과 느낌을 서로 나누는가?	1 2 3 4 5	
		예술적 표현 존중하기	1. 다른 친구들의 축구화 무늬 꾸미기에 흥미와 관심을 가질 수 있는가? 2. 자신과 다른 친구들의 작품을 소중히 다룰 수 있는가?	1 2 3 4 5 1 2 3 4 5	

언어생활 평정 척도

영역	구 분	내용 체계	평가 기준	평정 척도	비 고
언어생활	듣기	낱말과 문장 듣고 이해하기	1. 축구와 관련된 용어와 문장들을 이해할 수 있는가?	1 2 3 4 5	1.0 사전 경험 1.4 축구 하면 생각나는 것 1.5 축구 웹망 짜기 2.0 축구에 대한 다양한 경험과 이해 2.1 축구의 의미 알아보기 5.0 상징화의 주기 5.7 시계 보는 방법
		이야기 듣고 이해하기	1. 이야기를 주의 깊게 듣고 기억할 수 있는가?	1 2 3 4 5	
			2. 축구 경기 해설 내용을 이해할 수 있는가?	1 2 3 4 5	
			3. 축구에 대한 다양한 경험을 듣고 다양한 질문을 할 수 있는가?	1 2 3 4 5	
		바른 태도로 듣기	1. 말하는 사람의 이야기를 주의 깊게 들을 수 있는가?	1 2 3 4 5	
			2. 말하는 사람의 이야기에 주의를 기울이며 반응을 보일 수 있는가?	1 2 3 4 5	
	말하기	경험 · 생각 · 느낌 말하기	1. 축구 경기에 관한 자신의 생각, 경험, 느낌을 문맥에 맞게 말할 수 있는가?	1 2 3 4 5	
			2. 축구 경기에 필요한 한두 단어의 간단한 낱말과 문장을 말할 수 있는가?	1 2 3 4 5	
		상황에 맞게 말하기	1. 듣는 사람과 때와 장소를 고려하여 말할 수 있는가?	1 2 3 4 5	
			2. 듣는 사람의 생각과 느낌을 고려하여 말할 수 있는가?	1 2 3 4 5	
			3. 상황과 듣는 사람의 생각과 느낌을 고려하여 말할 수 있는가?	1 2 3 4 5	
		바른 태도로 말하기	1. 말할 차례를 지키며 바른 태도로 이야기할 수 있는가?	1 2 3 4 5	
	읽기·쓰기에 관심 가지기	쓰기에 관심 가지기	1. 그림, 긁적거리기, 창안적 글자를 사용해서 자신의 생각을 표현할 수 있는가?	1 2 3 4 5	
			2. 시계 보는 법을 글로 적을 수 있는가?	1 2 3 4 5	
		읽어 주는 글을 이해하기	1. 축구와 관련된 자료에 관심을 가지고 흥미를 가지는가?	1 2 3 4 5	
			2. 축구와 관련된 글을 읽어 주면 그 내용을 이해하고 이야기 나눌 수 있는가?	1 2 3 4 5	

탐구생활 평정 척도

영역	구 분	내용 체계	평가 기준	평정 척도	비 고
탐구 생활	과학적 탐구	도구와 기계에 관심가지기	1. 축구화의 모양, 특성 등에 관심을 가지고 관찰하는가? 2. 축구화 밑바닥 무늬의 역할을 이해하는가? 3. 각을 재기 위한 도구(각도기)에 관심을 가지고 관찰하는가 ? 4. 각도기의 바른 사용법을 알고 사용할 수 있는가? 5. 시계의 구조에 관심을 가지고 관찰하여 표현할 수 있는가? 6. 시계 보는 방법을 알고 있는가?	1 2 3 4 5 1 2 3 4 5 1 2 3 4 5 1 2 3 4 5 1 2 3 4 5 1 2 3 4 5	3.0 탐색활동 3.2 축구화의 기능과 특징 알아보기 5.0 상징화의 주기 5.3 각도의 의미와 각도기 관찰하기 5.4 각도기 사용법 5.7 시계 보는 방법
	수학적 탐구	분류하기	1. 축구공과 농구공을 비교해 본 후 유사점과 차이점을 구별할 수 있는가? 2. 여러 개의 사물을 한 가지 준거에 따라 분류해 볼 수 있는가?	1 2 3 4 5 1 2 3 4 5	3.0 탐색활동 3.5 축구공과 농구공 비교하기 4.0 영양소 알아보기 4.6 우리가 가져온 간식 분류하기
		공간과 도형의 기초 개념 이해하기	1. 축구공을 관찰하고 기본 도형을 찾을 수 있는가?	1 2 3 4 5	
		기초적인 통계와 관련된 경험하기	1. 반 친구들의 운동 선호도를 조사해서 표로 나타내 보고 결과를 비교해 볼 수 있는가? 2. 개인이 수집한 자료를 적절히 붙일 수 있는가?	1 2 3 4 5 1 2 3 4 5	1.0 사전경험 1.1 운동사진 스크랩 및 선호도 조사 5.0 상징화의 주기 5.5 각도를 재어 보아요
		기초적인 측정과 관련된 경험하기	1. 각도기 사용 방법을 이해하는가? 2. 다양한 도형의 각을 측정도구(각도기)를 사용하여 잴 수 있는가?	1 2 3 4 5 1 2 3 4 5	3.0 탐색활동 3.3 다른 스포츠화의 특징 알아보기
	창의적 탐구	주변 상황에 관심을 가지고 탐색하기	1. 다양한 신발의 밑바닥에 대해서 관심을 가지고 그 역할에 대해 이해하는가? 2. 흥미 있는 상황에 호기심과 관심을 보이는가? 3. 주변의 상황에 대하여 다양한 해결 방법을 생각해 볼 수 있는가?	1 2 3 4 5 1 2 3 4 5 1 2 3 4 5	6.0 축구 대회 6.2 유치원컵 규칙 6.4 축구 대회 및 시상식

건강생활 체크리스트

<table>
<tr><td>유아명</td><td>○○○</td><td>반(연령)</td><td>달님반(만 5세)</td><td>평가 시기</td><td>2006년 9월 29일</td></tr>
<tr><td>생활주제</td><td>축구</td><td>주 제</td><td>건강한 몸</td><td>활동명</td><td>5대 영양소 알아 보기</td></tr>
<tr><td>평가 내용 및 관점</td><td colspan="5">건강생활 – 바른 식생활하기
• 음식의 필요성을 알 수 있는가?
• 대 영양소에 대해 알고 있는가?
• 올바른 식생활 습관을 가지고 있는가?</td></tr>
<tr><td>평가 상황</td><td colspan="5">축구 프로젝트 활동 : 건강생활</td></tr>
<tr><td>평가 유형</td><td colspan="5">체크리스트 활동 기록지(개인활동)</td></tr>
<tr><td rowspan="4">평가 내용</td><td colspan="2">체크리스트</td><td>예</td><td>아니오</td><td>비 고</td></tr>
<tr><td colspan="2">1. 음식마다 영양소가 다르다는 것을 이해하는가?</td><td></td><td>V</td><td></td></tr>
<tr><td colspan="2">2. 각 영양소가 하는 일을 알고 있는가?</td><td>V</td><td></td><td></td></tr>
<tr><td colspan="2">3. 골고루 식사하는 습관을 가지고 있는가?</td><td>V</td><td></td><td></td></tr>
<tr><td>해 석</td><td colspan="5">음식을 골고루 먹지 않았던 ○○(이)가 영양소에 대해 배우고 난 뒤 음식들에 관심이 많아졌다. 그래서 예전보다는 골고루 먹는 모습을 볼 수 있었다.</td></tr>
</table>

사회생활 체크리스트

<table>
<tr><td>유아명</td><td>○○○</td><td>반(연령)</td><td>달님반(만 5세)</td><td>평가 시기</td><td colspan="3">2006년 10월 18일</td></tr>
<tr><td>생활주제</td><td>축구</td><td>주 제</td><td>축구 대회</td><td>활동명</td><td colspan="3">대회 경기 규칙</td></tr>
<tr><td>평가 내용 및 관점</td><td colspan="7">집단생활 – 대회 경기 규칙
• 축구 대회 시 지켜야 할 규칙을 알고 바른 태도로 경기에 참여할 수 있는가?</td></tr>
<tr><td>평가 상황</td><td colspan="7">축구 프로젝트 활동 : 그룹 토의(대집단 활동)</td></tr>
<tr><td>평가 유형</td><td colspan="7">작업 표본(질문지, 활동, 기록지), 카메라</td></tr>
<tr><td rowspan="4">평가 내용</td><td colspan="4">체크리스트</td><td>예</td><td>아니오</td><td>비 고</td></tr>
<tr><td colspan="4">1. 축구 대회 시 지켜야 할 규칙을 만들 수 있는가?</td><td>V</td><td></td><td></td></tr>
<tr><td colspan="4">2. 선수 선발에 대한 적절한 방법을 제시하는가?</td><td>V</td><td></td><td></td></tr>
<tr><td colspan="4">3. 경기 관람 시 지켜야 할 약속을 알고 바른 태도로 경기 관람을 할 수 있는가?</td><td>V</td><td></td><td></td></tr>
<tr><td>해 석</td><td colspan="7">○○(이)는 축구 대회를 하는 동안 바른 태도로 관람을 하며 축구 경기 규칙에 따른 자기의 느낌과 생각을 말로 표현하였다.</td></tr>
</table>

표현생활 체크리스트

<table>
<tr><td>유아명</td><td>○○○</td><td>반(연령)</td><td>달님반(만 5세)</td><td>평가 시기</td><td colspan="3">2006년 9월 26일</td></tr>
<tr><td>생활주제</td><td>축구</td><td>주 제</td><td>축구화 탐색</td><td>활동명</td><td colspan="3">축구화 관찰 및 무늬 찍어 꾸미기</td></tr>
<tr><td>평가 내용 및 관점</td><td colspan="7">표현생활 – 축구화 관찰 및 무늬 찍어 꾸미기
• 축구화의 특징을 살려 표현하였는가?
• 축구화 무늬를 창의적으로 꾸밀 수 있는가?</td></tr>
<tr><td>평가 상황</td><td colspan="7">축구 프로젝트 활동 : 꾸미기 영역</td></tr>
<tr><td>평가 유형</td><td colspan="7">작업 표본 활동물</td></tr>
<tr><td rowspan="5">평가 내용</td><td colspan="4">체크리스트</td><td>예</td><td>아니오</td><td>비 고</td></tr>
<tr><td colspan="4">1. 축구화의 밑바닥 무늬의 형태에 대해 관심을 가질 수 있는가?</td><td>V</td><td></td><td></td></tr>
<tr><td colspan="4">2. 찍혀진 무늬를 보고 생각과 느낌을 창의적으로 표현할 수 있는가?</td><td>V</td><td></td><td></td></tr>
<tr><td colspan="4">3. 완성된 작품을 보고 생각과 느낌을 이야기할 수 있는가?</td><td>V</td><td></td><td></td></tr>
<tr><td colspan="4">4. 완성된 작품을 소중히 다룰 수 있는가?</td><td>V</td><td></td><td></td></tr>
<tr><td>해 석</td><td colspan="7">○○(이)는 찍혀진 축구화의 밑바닥 무늬를 보고 마치 식탁 위에 올려진 콩 같다며 창의적으로 그림을 그렸다.</td></tr>
</table>

언어생활 체크리스트

유아명	○○○	반(연령)	달님반(만 5세)	평가 시기	2006년 9월 20일
생활주제	축 구	주 제	축구에 대한 그룹 토의	활동명	축구하면 생각나는 것

평가 내용 및 관점	**듣기** – 이야기를 듣고 이해하기 **말하기** – 경험, 생각, 느낌 말하기			
평가 상황	**축구 프로젝트 활동** : 그룹 토의(대집단)			
평가 유형	체크리스트 활동 기록지(활동물)			
평가 내용	**체크리스트**	**예**	**아니오**	**비 고**
	1. 축구에 대한 다양한 경험을 듣고 질문을 할 수 있는가?	V		
	2. 축구에 관한 자신의 생각, 경험, 느낌을 문맥에 맞게 말할 수 있는가?	V		
	3. 축구에 필요한 한두 단어의 간단한 낱말과 문장을 말할 수 있는가?	V		
	4. 말하는 사람의 이야기에 주의를 기울이며 반응을 보이는가?		V	
해 석	○○(이)는 축구에 많은 관심을 보이며 자기가 경험했던 것들에 대해 잘 표현하였다. 다른 유아들이 생각해 내지 못한 '힘', '축구공 모양'을 생각해 내었다.			

탐구생활 체크리스트

유아명	○○○	반(연령)	달님반(만 5세)	평가 시기	2006년 10월 10일
생활주제	축구	주 제	각도 재는 방법	활동명	각도기를 이용한 각도 재기

평가 내용 및 관점	**수학적 탐구 – 기초적인 측정과 관련된 경험하기** • 일상생활에서 측정과 관련된 말을 사용할 수 있는가? – 수의 기초 개념 이해하기 • 각도기를 사용하여 각도를 재어 볼 수 있는가?
평가 상황	**축구 프로젝트 활동** : 소집단 활동(활동지)
평가 유형	체크리스트 활동 기록지(활동물)

평가 내용	체크리스트	예	아니오	비 고
	1. 골인을 잘 하기 위한 각도의 필요성을 이해하고 있는가?	V		
	2. 눈금과 숫자가 교차하는 각도기의 특성을 알 수 있는가?	V		
	3. 각도기 사용법을 알고 여러 도형의 각을 재어 볼 수 있는가?	V		
	4. 각도와 사간의 관계를 연결 지을 수 있는가?	V		
해 석	○○(이)는 골이 잘 들어가기 위해서는 각도가 필요하다는 것을 알고 각도기의 특성을 파악한 뒤 여러 가지 도형의 각을 재어 보았다.			

Part II

쌀 프로젝트 (만 4세 유아반)

쌀 프로젝트를 통해서 벼와 벼농사에 대한 기본적인 지식 습득뿐만 아니라, 직접 쌀을 관찰하고 실험을 통해서 쌀의 구조와 영양소, 밥이 되는 과정을 이해할 수 있다. 요리하기 활동을 통해서 유아들은 쌀로 만들 수 있는 음식을 직접 해 보고, 정미소에서 벼가 쌀이 되는 과정을 관찰하는 기회를 가질 수 있다. 프로젝트 활동을 마무리하면서 쌀의 소중함을 느낄 수 있는 기회를 가지고 쌀에 관한 동시 짓기, 포스터 만들기, 쌀을 이용한 악기 만들기 등 다양한 활동과 전시를 할 수 있다.

1. 주제 선정 배경

쌀은 우리나라 사람들이 가장 많이 먹는 주식임에도 불구하고 우리 생활과 너무 밀접하여 그 소중함을 느끼지 못하면서 지내는 경우가 많다. 또한 서양에서 다양하게 들어오는 대체음식, 특히 유아들의 기호에 맞으며 짧은 시간 안에 간편하게 먹을 수 있는 음식들을 쉽게 접할 수 있기 때문에 쌀의 선호도는 점점 낮아지고 있는 실정이다. 그러나 쌀은 우리나라 사람들의 영원한 에너지원이다. 여러 가지 연구 결과, 쌀에는 단백질, 지방, 비타민, 식이섬유 등이 풍부하게 함유되어 있어서 건강한 생활을 할 수 있는 주요한 요소 중에 하나이다.

이렇게 우리의 식생활에 중요한 요소인 쌀에 대해 탐구하고 쌀의 성장과정 및 유통과정을 알아봄으로써 쌀의 소중함을 알고 농촌에서 일하시는 분들께 감사하는 마음을 가질 수 있다. 또한 쌀을 이용해 할 수 있는 요리 및 실험 활동을 통해 일상생활 속에서 폭넓게 활용되는 쌀의 용도를 체험함으로써 쌀에 대한 긍정적인 마음을 가지고 쌀로 만든 음식을 잘 먹는 습관을 기를 수 있을 것이라는 기대를 가지고 쌀을 프로젝트 주제로 선정하게 되었다.

여러 번의 교사회의를 통해 교사들은 주제 선정의 주요한 배경 중 하나로 주위에서 쉽게 접할 수 있는 주제와 교육과정과의 연관성을 고려해 보았다(황연욱, 2007). 이러한 요소들을 만족시킬 수 있는 주제로서 쌀은 유아들이 충분히 흥미롭게 활동할 수 있을 것이라고 생각했다. 또한 가을은 수확의 계절로써 가까운 교외로만 나가더라도 우리는 쉽게 쌀을 비롯해 여러 가지 작물과 과일들을 수확하는 것을 볼 수 있을 것이다. 이러한 근거로 교사회의 시간에 교사들은 쌀이라는 주제가 유아들의 흥미를 유발시킬 수 있을 것이며, 유아들의 쌀과 관련된 경험들을 유추해 낼 수 있을 것이라고 의견을 모았다. 특히, 유아들은 쌀과 관련된 실험이나 요리 이외에도 현장 견학을 통해 관찰하기, 표상하기 등의 다양한 경험을 할 수 있는 기회가 많을 것이며, 이러한 활동을 통해서 유아들은 사회적, 수학적, 언어적, 과학적 탐구능력을 발달시킬 수 있을 것이다.

2. 쌀 프로젝트를 통해 습득되는 지식

프로젝트 활동의 목적은 주제와 관련된 유아들의 생각과 지적인 능력을 자극하여 발전시키는 것이다. 이 목적은 지식이나 기술 습득뿐만 아니라 사회적, 감정적, 도덕적, 심미적인 감각의 습득도 포함한다(Katz & Chard, 2000). 따라서 프로젝트 활동에서 교사는 유아들의 문화적, 가족적인 배경을 이해하고 존중해 주어야 한다.

프로젝트 활동은 유아 발달에 적합한 교수·학습방법 중의 하나인 통합교육 프로그램이다. 이 프로그램을 통해서 유아들은 논리·수학적 지식, 언어, 사회적인 행동을 습득하게 된다(Hsu, 1995; Maple, 2005; Schuler, 2000). 프로젝트 활동과정을 통해서 유아들은 상황을 판단하고 결정할 수 있으며 그들의 생각을 글, 그림, 또는 만들기 등으로 표현할 수 있다. 이 시기에 교사는 프로젝트 활동의 극대화를 위해 유아들에게 적절한 지도와 피드백을 주어야 한다(황연욱, 2007).

우리나라에서 프로젝트 활동을 통해 기대하는 효과 중 하나는 국가 수준의 교육과정과의 연계성이다. 우리나라 유아교육학자들은 프로젝트 활동이 유치원 교육과정의 5개 영역에서 요구하는 유아들의 발달 수준을 충분히 만족시킬 수 있는 가능성이 있다고 이야기한다(황연욱, 2007). 따라서 쌀 프로젝트를 통해서 유아들은 발달 수준에 맞는 유치원 교육과정의 영역별 목표 충족과 기본적인 지식 습득 및 다른 사람과의 협동심을 길러 낼 수 있을 것이라 기대한다(Helm & Katz, 2001; Katz & Chard, 2000; Maple, 2005; Sloane, 2004). 유치원 교육과정의 5개 영역별로 쌀 프로젝트에서 기대되는 지식 습득 내용은 다음과 같다.

(1) 건강

- 여러 가지 감각기관을 활용해서 쌀 탐색하기
- 쌀에 함유되어 있는 영양소 알기
- 쌀로 만든 여러 음식들의 종류를 알아봄으로써 편식 습관 지도하기
- 쌀로 만든 여러 가지 음식들을 골고루 먹어 보기

(2) 사회

- 쌀의 소중함을 알기
- 쌀의 유통과정을 통해서 농부 아저씨께 감사한 마음 갖기
- 정미소에서 일하는 분들의 역할 알기
- 쌀을 이용해 직접 요리하기
- 그룹활동에서 규칙 지키기
- 쌀로 만든 우리나라 고유 음식 알기

(3) 표현

- 쌀의 단면도 그리기
- 견학 다녀온 후 표상활동하기
- 쌀 콜라주
- 쌀을 이용한 악기 만들기
- 쌀과 관련된 노래 듣고 따라 부르기
- 포스터 그리기

(4) 언어

- 쌀에 대한 경험 이야기하기
- 다른 사람의 이야기 주의 깊게 듣기
- 인터뷰 하기
- 쌀 동시 짓기
- 농부 아저씨께 감사 편지 쓰기
- 쌀과 관련된 책 찾아서 읽기

(5) 탐구

- 벼의 구조 관찰하기
- 쌀의 구조 관찰하기
- 실험하기(밥 짓기)

• 요리하기(송편 만들기)

3. 프로젝트를 위한 교사 회의

유아들 사이에서 어떤 프로젝트에 대한 홍미가 떠오르면 그 프로젝트를 어떻게 전개시켜야 할 것인지, 그 프로젝트와 관련된 유아의 사전경험은 어떤 것이 있는지, 유아들의 표현활동은 그들의 사고와 어떻게 연결되어 있는지, 그들이 나름대로 세우고 있는 가설은 무엇이며 그것은 어떻게 드러내는지 등 교사들은 끊임없이 연구를 해야 한다. 교사의 목표로 이끌기 위한 프로젝트가 아니라 유아들과 함께 경험하고 발견해 가는 역동적인 교사의 역할을 수행하고자 주 4~5회 정도의 교사 회의를 가졌다.

4. 환경 구성

(1) 초기 환경 구성

프로젝트에 있어 환경은 담임교사에 이은 '제2의 교사' 로 불릴 만큼 중요한 역할을 담당하게 된다. 유아들 스스로에게 심미감과 협동심을 불러 일으켜 줄 수 있도록 교사는 프로젝트의 진행 과정에 맞추어 환경 구성에 변화를 주어야 한다. 교사는 유아들이 쌀에 대한 홍미를 가질 수 있도록 각종 그림 자료, 교구, 또는 실제 벼를 비치해 두었다.

① 벼 구조도 그림과 실제 벼

② 여러 가지 쌀의 종류

③ 여러 가지 곡식들

④ 쌀에 대한 인터넷 자료 및 여러 서적들

⑤ 포켓주머니와 종이

(2) 후기 환경 구성

유아들에 대한 기록과 유아들 자신이 했던 일들을 전시해 줌으로써 모든 환경은 유아들에게 메시지를 전달하는 '교사'가 되기도 한다. 따라서 교사는 지속적으로 환경 구성에 관심을 기울이면서 유아들에게 주제와 관련된 메시지를 실내외 환경을 통해 전달할 수 있도록 해야 한다.

쌀 프로젝트에 대한 흥미가 고조되면서 쌀을 관찰하는 것에서 나아가 쌀을 놀이에 적극 활용하였으며 쌀이 되기까지의 변화과정에 대한 궁금증이 높아졌다. 이에 교사는 유아들의 호기심과 욕구를 만족시켜 주기 위해 여러 활동들을 해보았다.

① 쌀 콜라주 전시
② 내가 만든 핸드벨 전시
③ 밥 짓는 모습 스크랩
④ 송편 만드는 모습 스크랩
⑤ 우리 반 친구들이 좋아하는 쌀로 만든 음식 그래프
⑥ 쌀 프로젝트 포트폴리오 파일 전시

5. 기간

9월 18일 ~ 10월 27일(5주간), 주 3~4회, 하루 30~40분

6. 활동의 순서

(1) 사전 경험

쌀에 대한 유아들의 흥미 유발을 위해 교사는 유아들이 가정에서 부모님과 함께 쌀에 관련된 인터넷 자료, 책, 그림 자료 등을 찾아보도록 가정통신문을 보냈다.

교사는 유아들이 가져온 자료를 분류하여 그림 자료는 게시판에 붙이고, 책과 인터넷 자료는 도서영역에 비치해 두어 유아들 스스로가 자료를 탐색할 수 있도록 하였다. 유아들은

비치된 자료에 많은 관심을 보이며 능동적으로 새로운 지식(벼의 구조, 벼의 천적, 쌀의 성장과정, 쌀의 종류, 쌀로 만든 음식) 등을 접하게 되었다.

① 이전 경험 표현하기

교사는 유아들의 적극적인 참여를 위해 벼를 본 경험에 대해 이야기를 나누었다.

교사 얘들아, 너희 혹시 벼를 본 적 있니?

유아 1 우리 할머니 집에 가서 봤어요. 거기에 가면 벼가 굉장히 많아요.

유아 2 저는 아빠 차 타고 지나가면서 봤어요.

유아 3 선생님, 저는 TV에서 봤어요.

교사는 유아들의 경험을 종이에 그려 보는 활동을 통해서 유아들이 알고 있는 벼의 모습을 엿볼 수 있었다. 유아들이 그린 벼의 모습은 줄기와 벼의 열매인 이삭이 대부분이었고, 나아가 벼의 잎을 그리는 친구들도 몇 명 볼 수 있었다.

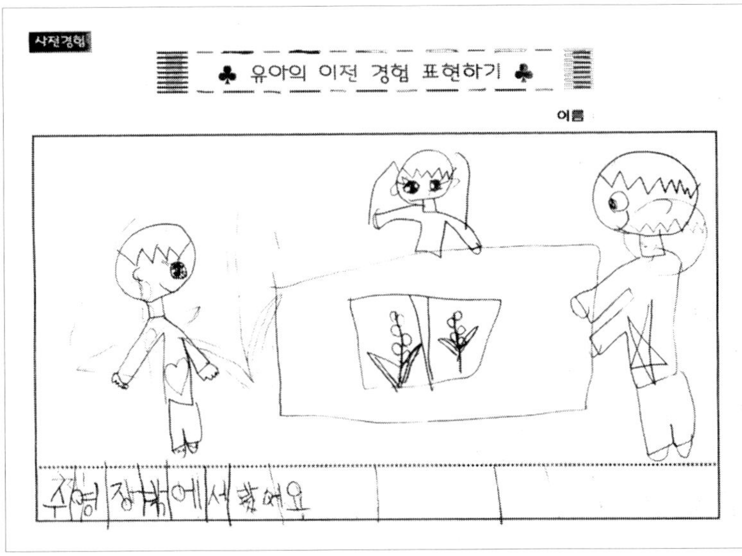

② 쌀에 대한 브레인스토밍(brainstorming)

쌀 프로젝트가 시작되면서 유아들은 쌀 자료를 보며 소그룹 또는 대그룹으로 쌀에 대한 이야기를 나누었다. 교사는 자유선택 활동시간에 유아들이 자발적으로 활동에 참여할 수 있도록 '쌀 하면 생각나는 것' 이라는 영역을 만들어 작은 종이를 넣어 두고 그림 또는 글자를 적어 포켓 주머니에 꽂아 보도록 권장하였다.

교 사 (사각형 모양을 가리키며) 이건 뭐야?

유아 1 떡이에요.

교 사 떡?

유아 1 네, 지난번 제사 때 먹어 봤는데, 이것도 쌀로 만든 거래요.

교 사 ○○친구는 거미를 그렸네.

유아 2 네, 늑대 거미예요. 책에서 봤는데 벼가 잘 자라도록 도와준대요.

유아들은 자신들의 생각을 포켓 주머니에 넣으며 너무 흥미로워했고, 자신의 생각과 똑같은 내용을 적은 친구를 보며 반가워했다.

교사는 유아들이 적어 놓은 여러 생각을 유목화 시켜 주제망으로 정리하면서 유아들이 쌀에 대해 가지고 있는 기본적인 생각을 한눈에 알 수 있도록 하였다.

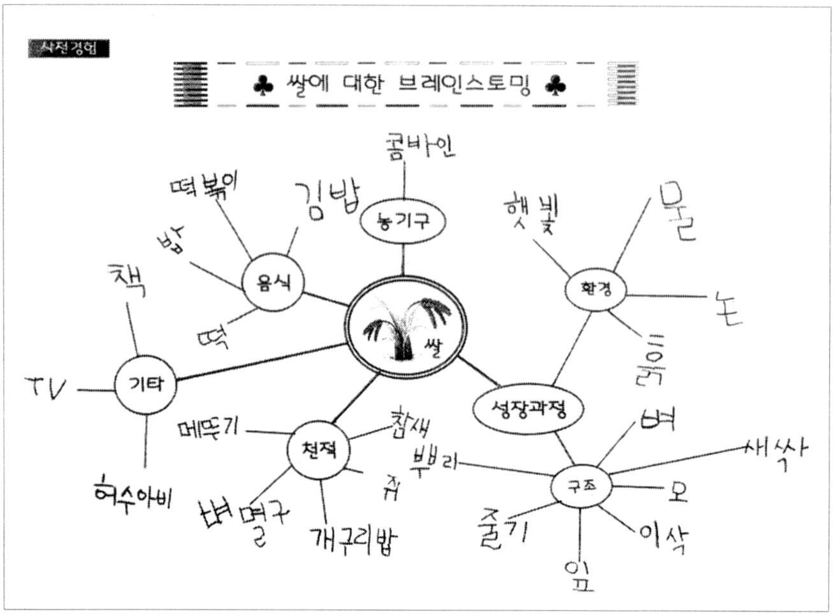

③ 질문 목록

쌀에 대한 유아들의 관심이 고조될수록 쌀에 대한 궁금증도 많아졌다.

유아 1 쌀은 어디에서 나와요?

유아 2 쌀은 왜 하얀색이에요?

유아 3 쌀은 어떻게 밥이 돼요?

유아 4 벼는 왜 고개를 숙여요?

유아 5 벼랑 쌀은 달라요?

교사는 유아들이 궁금해하는 점들을 기록하면서 궁금증을 해결하기 위한 방법(책, 인터넷 자료 찾아 보기, 실험, 견학 등)을 다양하게 모색하였다.

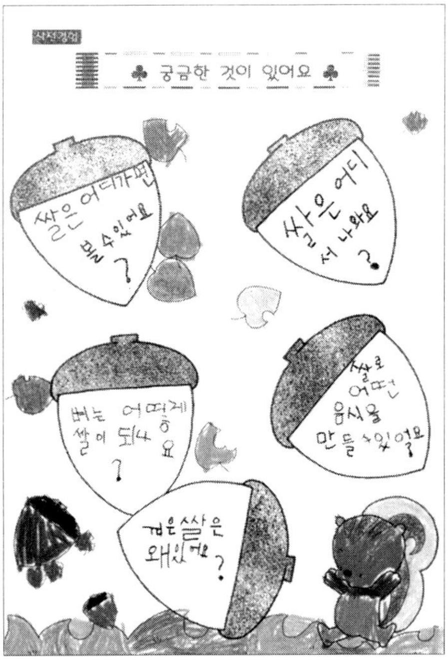

(2) 벼에 관한 관찰활동

쌀과 벼를 같은 식물로 생각하는 유아들이 생겨나면서 교사는 쌀과 벼의 차이점을 알려 주고자 논에서 직접 벼를 뽑아다 교실에 비치해 두었다.

① 벼의 구조

교실에 비치된 실제 벼와 게시판에 붙여 놓은 벼의 구조도 그림은 유아들의 지적 호기심을 자극하는 좋은 자료가 되었다.

유아 1 선생님, 이거 뭐에요? 쌀이에요?

유아 2 아니야, 그건 벼라고 하는 거야. (칠판을 가리키며) 여기 봐, 똑같이 생겼잖아.

유아 1 그러면 (이삭을 가리키며) 이건 뭐야?

유아 2 이삭이라고 되어 있는데….

유아 1 이삭? 선생님 이삭이 뭐예요?

교사 글쎄, 이삭이 뭘까? 우리 같이 찾아 보자.

책과 인터넷 자료를 함께 찾아 보면서 이삭은 벼의 열매로서 이것이 자라 쌀이 된다는 사실을 알게 되었다. 또한 벼도 다른 식물들처럼 땅 속의 영양분을 흡수하는 뿌리, 영양분을 운반하는 줄기, 영양분을 저장해 놓는 잎, 열매인 이삭으로 구성되어 있는 것을 알게 되었다.

이러한 활동들을 통해 벼와 쌀이 똑같은 것이라고 생각하던 유아들은 벼가 쌀이 되기 위한 하나의 과정임을 이해하게 되었다.

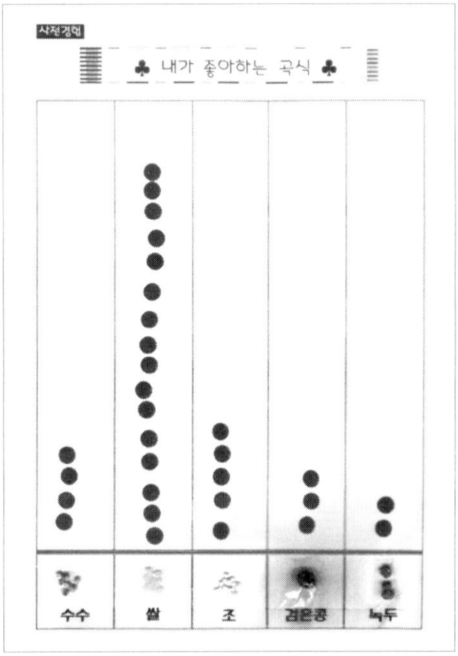

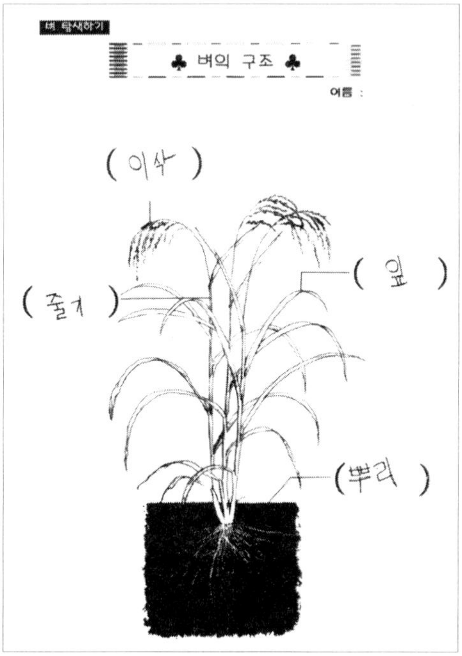

② 벼의 천적

교실 도서 영역에 비치된 쌀에 관한 책을 보며 유아들은 이야기를 나누고 있었다.

유아 1 여기 봐, 참새들이 벼를 먹고 있어.

유아 2 어? 여기에 메뚜기도 있어.

유아 3 메뚜기? 메뚜기도 벼를 먹나 봐.

유아 1 으악! 쥐도 있어. 무서워.

유아 3 개구리밥도 있는데….

유아 2 개구리밥? 개구리밥도 벼를 먹을 수 있어? 어떻게 먹지?

유아들은 벼의 천적으로 벼멸구, 쥐, 이화명나방, 메뚜기, 참새 등이 있는 것을 알게 되었으며, 식물인 개구리밥도 천적이 될 수 있다는 사실에 놀라워했다. 또한 벼의 천적인 메뚜기를 늑대거미가 잡아먹는 것을 알게 되면서 동물들의 먹이 사슬관계도 잠시 경험할 수 있게 되었다.

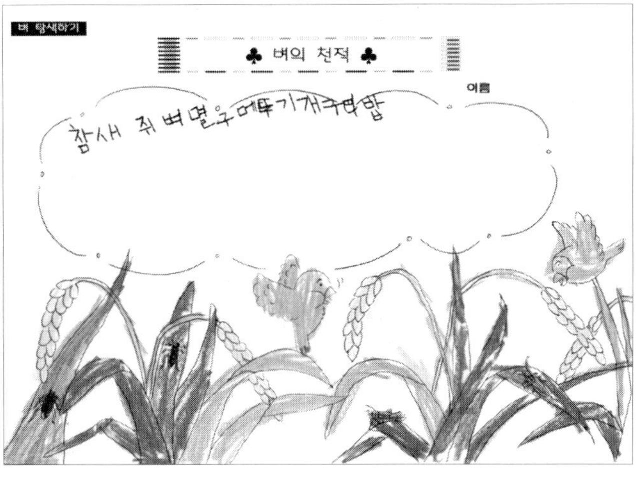

③ 벼를 지킬 수 있는 방법

곤충들은 천적으로부터 자신의 몸을 지키기 위해 위장술을 쓰지만 벼는 천적으로부터 자신의 몸을 보호할 힘이 없는 식물임을 유아들은 안타까워했다. 교사는 대집단 활동을 통해 벼를 천적들로부터 지킬 수 있는 방법들에 대해 이야기를 나누었다.

교사 얘들아, 벼를 천적으로부터 보호해 줄 수 있는 방법이 없을까?

유아 1 허수아비를 세워 줘요.

유아 2 맞아요. 책에서도 허수아비 아저씨가 "훠이" 하면서 참새를 쫓았어요.

유아 3 그물을 쳐요.

교사 그물을? 어떻게?

유아 3 참새가 벼를 못 먹게 그물로 덮어 주면 돼요.

유아 4 늑대거미를 많이 풀어 줘요. 그러면 메뚜기가 못 올 거예요.

유아들은 허수아비, 그물 치기 외에도 소리대포 쏘기, 스피커 세워 두기 등 다양하면서도 창의적인 생각들을 공유해 보았고, 자신들의 생각을 종이 위에 그려 보는 시간들을 통해 활동의 흥미를 더 증진시켰다.

④ 벼를 논에서만 기르는 이유

한 유아가 벼와 관련된 책을 보면서 왜 벼는 꽃이나 풀처럼 땅에서 자라지 않고 물이 고여 있는 논에서만 자라느냐는 의문을 제기해 왔다. 이 질문을 통해 유아들 스스로가 답을 찾아보도록 교사는 토론 시간을 가졌다.

교사 얘들아, 벼는 왜 논에서만 길러야 할까?

유아 1 물이 있으니까요.

유아 2 흙이 있으니까요.

유아 3 영양분이 많으니까요.

교사 너희들은 물, 흙, 영양분이 있는 곳이면 벼가 잘 자랄 수 있다는 말이지? 그러면 호수, 바닷가, 시냇가에도 물, 흙, 영양분이 많은데 왜 벼를 기르지 않을까?

유아 1 호수는 너무 깊어요.

유아 2 바닷물은 너무 짜고 파도가 치잖아요. 그러면 벼가 땅에 붙어 있을 수가 없어요.

유아들은 벼가 논에서 자라야 하는 이유에 대해 이야기하면서 유아들 스스로가 제시한 의문에 대한 해답을 찾을 수 있었다.

> 논은 물이 꾸준히 땅 속으로 스며들고 새 물이 채워지는 곳으로 안 좋은 물질을 씻어 논물에 녹아 있는 영양분을 빨아들일 수 있습니다. 또한 논은 흙의 온도가 크게 바뀌지 않기 때문에 춥거나 더워도 벼가 잘 견딜 수 있으므로 벼가 자라기에 적당합니다.

⑤ 벼농사에 필요한 농기구

유아들은 벼에 대한 궁금증이 해결되면서 벼의 생태에 많은 관심을 보였으며, 그 외에도 몇몇의 친구들은 자동차처럼 생긴 농기구에도 커다란 관심을 보였다. 이에 교사는 유아들과 함께 농기구에 관한 자료를 찾아보며 벼농사에 필요한 농기구의 이름과 역할에 대해 알아보는 시간을 가졌다.

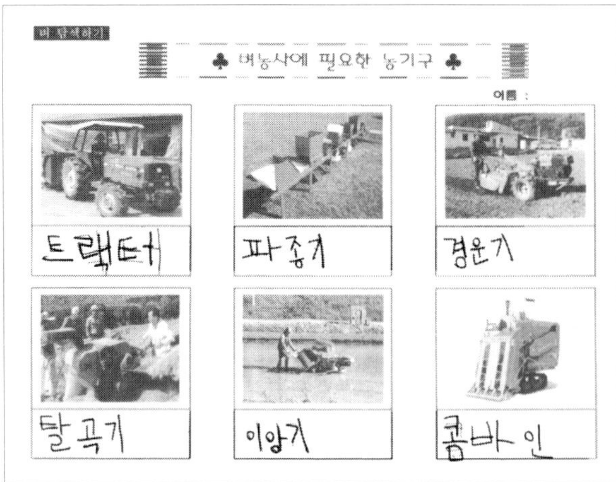

이 름	역 할
트랙터	벼농사에 필요한 농기구를 운반할 때 사용한다.
파종기	모판에 볍씨를 뿌릴 때 사용한다.
경운기	논밭을 갈아 일구어 흙덩이를 부술 때 사용한다.
탈곡기	벼의 알갱이를 털어낼 때 사용한다.
이앙기	못자리에서 자란 모를 논에 옮겨 심을 때 사용한다.
콤바인	벼를 베는 일과 탈곡하는 일을 한꺼번에 할 때 사용한다.

(3) 쌀에 관한 관찰활동

벼를 탐색하는 과정에서 벼의 열매인 이삭이 쌀이 된다는 것을 알게 된 유아들은 벼가 어떻게 열매를 맺는지, 이삭이 어떻게 쌀로 변화하는지에 대해 궁금해하였다. 이에 교사는 유아들 스스로가 능동적으로 쌀을 관찰·탐색할 수 있도록 교실 환경을 재구성(여러 종류의 쌀, 볍씨, 책, 쌀의 성장과정 그림 퍼즐 등)하였고, 이러한 환경적 요소들이 유아들의 궁금증 해결에 도움을 줄 수 있을 것이라 기대하였다.

① 쌀이 되기까지

좋은 품질의 쌀을 생산하려면 볍씨의 종자가 좋아야 한다. 볍씨를 소금물에 넣어 잘 저은 후 가라앉은 무거운 볍씨를 골라 깨끗하게 헹구어 낸 다음 3~4일 정도 볍씨를 물에 담가 두었다가 꺼내어 물기를 빼고, 쌀 포대 등에 펼쳐 놓고 싹을 틔우게 한다. 싹이 난 볍씨를 모판에 뿌리고 그 위에 비닐하우스를 만들어 모가 잘 자랄 수 있게 도와준다. 모판의 모가 어느 정도 자라면 모심을 떼어 논에다 옮겨 심는데 이를 '모내기'라고 한다.

모내기를 한 후, 1주일이 지나면 모가 땅에 뿌리를 내려 성장하게 된다. 논에 모를 심은 지 약 3개월이 지나면 벼의 줄기에서 이삭이 나오고, 밖으로 나온 이삭의 껍질이 벌어지면서 수술이 나오는데 이것이 벼꽃이다. 8월경이 되면 수정된 씨방이 발달하여 이삭에 내용물을 채우는데 이것이 현미이다. 10월경이 되어 벼의 이삭이 누렇게 황금색을 띠면 벼를 베는데 이 작업을 '추수'라 한다. 추수한 벼는 잘 건조시켜 탈곡한 후, 정미소로 옮겨 도정의 과정을 거치게 되는데 이것이 우리가 먹는 쌀이 된다. 이렇게 만들어진 쌀은 농가 → 정미소 또는 농협 → 쌀가게로 옮겨져 우리가 구매할 수 있게 된다.

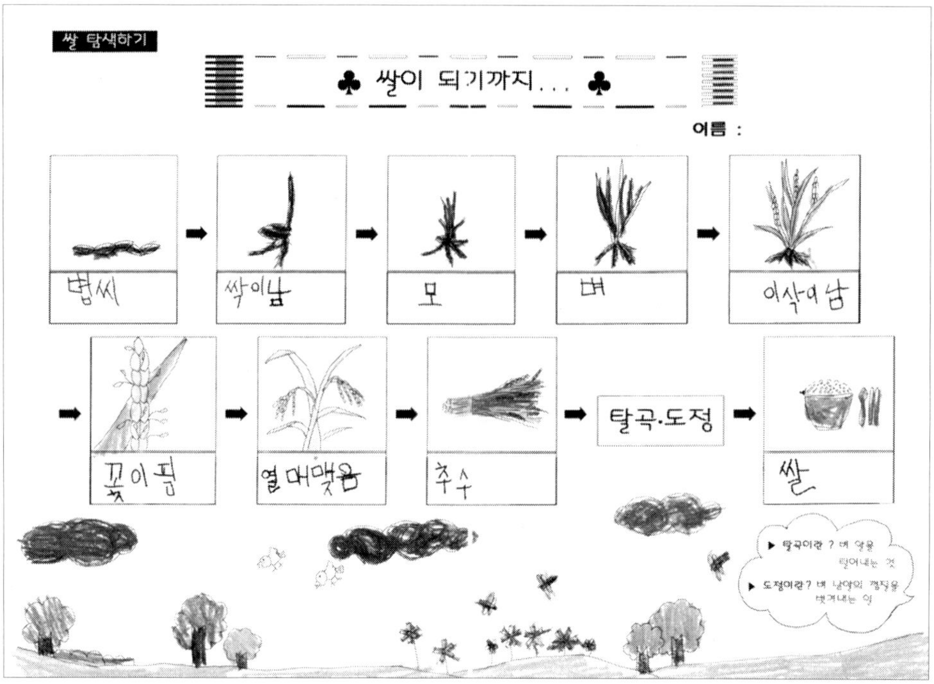

시청각 자료와 책을 통해 유아들은 땅 속에 바로 심는 작물과는 달리 볍씨를 모판에 뿌려 싹이 나면 논으로 옮겨 심는다는 새로운 사실을 알게 되었다. 이에 대해 몇몇 유아들은 "우리가 자라면 집이 좁아 이사 가는 것처럼 벼도 모판이 좁아 논으로 이사 가나 봐요"라고 표현하였다. 또한 볍씨가 쌀이 되어 우리 집에 오기까지 농부의 수고와 노력에 감사한 마음을 가지며 쌀의 소중함을 느끼게 되었다.

② 쌀의 종류

과학 영역에 비치해 놓은 여러 가지 쌀을 보고 유아들이 이야기를 나누고 있었다.

유아 1 여기 봐, 검은 쌀이 있어.

유아 2 어! 정말, '흑미' 라고 되어 있네.

유아 3 여기에는 찹쌀, 현미, 백미, 보리쌀이라고 되어 있는데….

유아 1 쌀 이름인가? 쌀도 종류가 많네.

유아 2 (백미를 가리키며) 이건 우리가 먹는 쌀이랑 똑같이 생겼다.

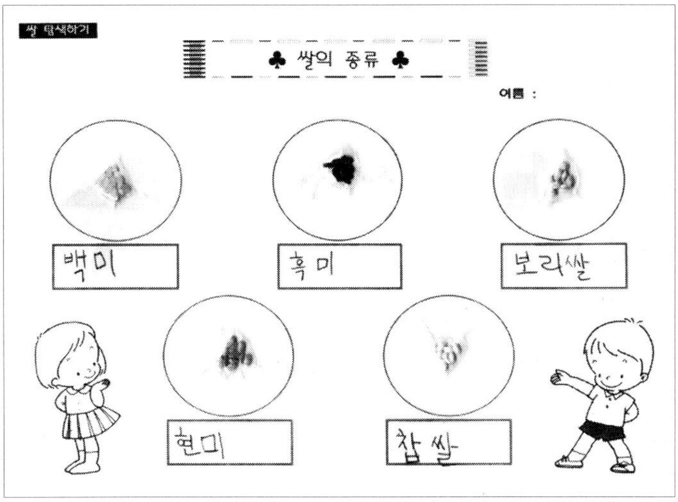

쌀의 종류를 알아 보면서 쌀이 흰색(동화)이라고 생각했던 유아들은 종자에 따라 보리쌀, 찹쌀, 흑미 등으로 나누어지고, 도정의 정도에 따라 현미, 백미 등(조절)의 다양한 쌀의 종류가 나올 수 있다는 사실(평형상태)에 너무 신기해하였고, 이러한 새로운 지식은 쌀 프로젝트에 대한 흥미를 더욱 고조시켜 주었다.

피아제는 환경에 대한 적응과정을 동화과정과 조절과정의 상호작용에 의해 나타나는 결과로 보고 있다(Piaget & Inhelder, 1967). 즉, 인간의 지적 능력은 외부 환경과의 상호작용을 통해 인간의 지적 구조가 변용되어 가는 과정을 통해 발달한다고 하였다.

- **동화(assimilation)** : 유아가 환경에서 어떤 정보나 자극을 접할 때 그것을 자신이 이미 가지고 있는 도식에 맞추어 받아들이는 과정
- **조절(accommodation)** : 환경에서 접한 정보나 자극이 기본 도식에 맞지 않을 때 그 도식을 변형하고 수정하는 과정
- **평형상태(Equilibration)** : 도식에 동화와 조절과정이 이루어지면서 지적 구조가 평형상태를 이룸

③ 쌀의 영양소

쌀 프로젝트를 시작하면서 밥을 잘 먹지 않는 유아들이 현저히 줄어든 것은 사실이나, 유독 밥 먹기를 꺼려하는 유아들이 있어 점심시간에 교실에서 교사는 항상 이 유아들과 밥과의 씨름을 벌인다.

유아 1 (밥을 먹지 않고 앉아 있다)

교사 ○○야, 밥 먹어야지.

유아 1 (마지못해 한 스푼 먹으며) 먹기 싫어요.

유아 2 먹기 싫다고 안 먹으면 안 돼.

유아 3 맞아, 밥이 얼마나 맛있는데….

유아 2 우리 엄마가 밥을 많이 먹어야지 키가 쑥쑥 자란다고 했어.

유아 3 맞아, 우리 엄마도 밥을 먹어야 힘이 세진다고 했어.

쌀은 곡물 중에서도 탄수화물이 제일 풍부하기 때문에 우리 몸에서 생겨나는 '힘의 원천' 이라고 할 수 있다. 또한 단백질의 영양가도 높으며, 비타민 B·E , 식이섬유, 마그네슘 등 신체 생리 조절을 도와주는 영양소들도 함유되어 있어 식품학적으로 매우 우수한 식품으로 알려져 있다.

유아들은 쌀이 우리 몸에 어떤 도움을 주는지에 대해 알아가면서 우리가 먹는 밥의 중요성도 함께 깨닫게 되었다.

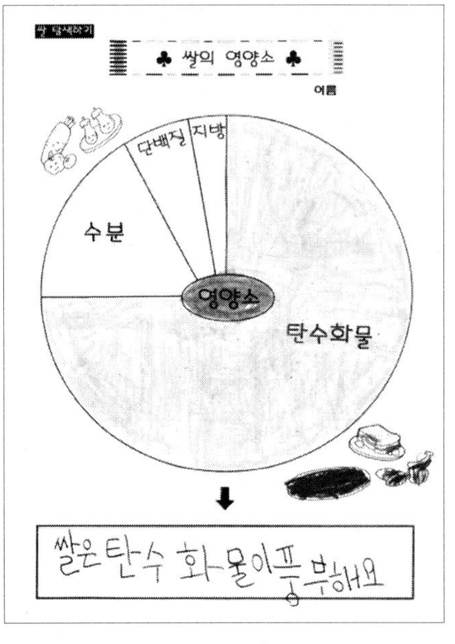

④ 쌀로 만든 음식

유아들은 쌀을 탐색하면서 쌀에 대한 지식이 점점 쌓여 갔지만, 여전히 쌀은 밥을 지을 때 쓰는 재료로만 생각하는 유아들이 있었다. 교사는 유아들이 쌀로 만든 음식을 어느 정도 알고 있는지 알아 보았다. 그 결과 유아들은 밥, 김밥, 볶음밥, 주먹밥 등의 쌀의 외형적인 모습에 더욱 중점을 두고 있었다.

교사는 유아들이 가지고 있는 사고의 틀을 확장시켜 주기 위해 여러 가지 쌀로 만든 음식의 그림 자료들을 보여 주었다.

유아 1 우와~ 김밥이다.

유아 2 여기 쌀라면도 있어. 그런데 쌀은 어디 있지?

유아 3 떡이다! 선생님, 이것도 쌀로 만들었어요?

교사 네, 그럼요.

유아 3 그런데 쌀이 어디 있어요, 안 보이는데요?

교사 그건 쌀을 가루로 만들어서 그래요.

유아 2 가루로요? 그럼, 쌀라면도 쌀가루로 만들었겠네요?

교사 음, 그렇겠구나!

이외에도 식혜, 떡볶이, 쌀과자, 송편, 쌀 음료수 등이 쌀로 만들어진 음식이라는 것을 알 수 있었다.

위의 활동과 연계하여 각 반 유아들이 좋아하는 쌀로 만든 음식을 알아봄으로써 쌀에 대해 좀 더 친숙하게 다가갈 수 있었다.

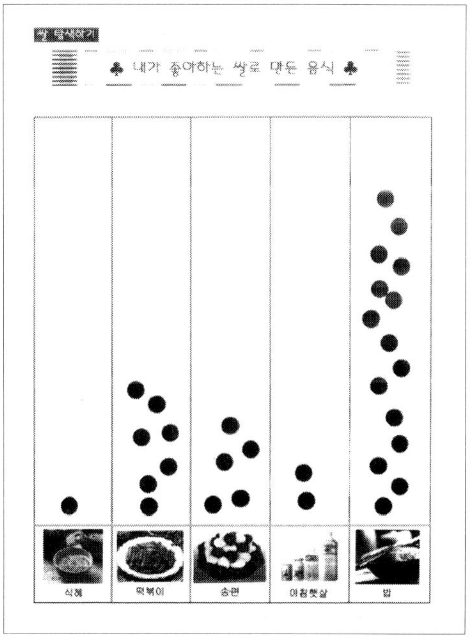

(4) 실험

실험은 자료나 환경을 직접 조작해 봄으로써 과학적 개념이나 사실, 원리를 알아 보는 활동이다. 실험은 크게 탐구적 실험과 예시적 실험의 기능을 가진다.

탐구적 기능	예시적 기능
• 실험하기 전에는 실험자에게 잘 알려지지 않았던 문제에 대한 해답이나 정보를 가지기 위한 것 : 교사가 설명하기 전에 유아가 그것을 발견하기 위해 수행하는 실험	• 이미 알려진 과학적 사실 · 개념 · 일반화 등을 확증하거나 예증하기 위한 것 : 교사와 유아가 토의한 것을 확인하기 위해 수행하는 실험

여러 가지의 사전활동들을 통해 대부분의 유아들은 쌀에 물을 부어 열을 가하면 밥이 된다는 사실을 알고 있었다. 그러나 쌀이 어떠한 과정을 거쳐 밥이 되는지, 부었던 물이 왜 없어지는지에 대한 구체적인 과정을 아는 유아는 없었다. 교사는 유아들과 함께 예시적 실험활동을 통해 쌀이 밥으로 변화하는 과정을 알아 보기로 하였다.

① 실험 순서도

밥 짓기 실험을 위해 재료를 알아 보던 교사와 유아들은 교실에서 사용하는 밥솥으로는 쌀의 변화과정을 관찰할 수 없다는 것을 알게 되었다. 유아들과 교사는 토의를 통해 쌀의 변화과정을 잘 볼 수 있고, 열을 가했을 때 깨지지 않는 실험용 비커, 삼발이, 알코올램프 등으로 대체해 실험을 하기로 하였다.

교사 밥을 하기 위해서 제일 먼저 무엇을 하면 좋을까?

유아 1 쌀을 비커에 담아요.

교사 쌀을 비커에 담은 후에는 어떻게 하면 좋을까?

유아 2 우리 엄마는 밥을 하기 전에 쌀을 깨끗이 씻었어요.

유아 4 그런 다음에 밥솥에 넣었어요.

교사 바로 밥솥에 넣으면 될까?

유아 1 아니에요. 쌀에 물을 부은 후 밥솥에 넣어요.

교사 그러면 밥이 될까?

유아 3 네, 조금만 기다리면 연기가 나면서 밥이 돼요.

밥 짓기 실험 순서도

쌀을 씻는다 ⇨ 비커에 물을 담는다 ⇨ 알코올램프에 불을 켠다 ⇨ 삼발이 위에 비커를 올린다.

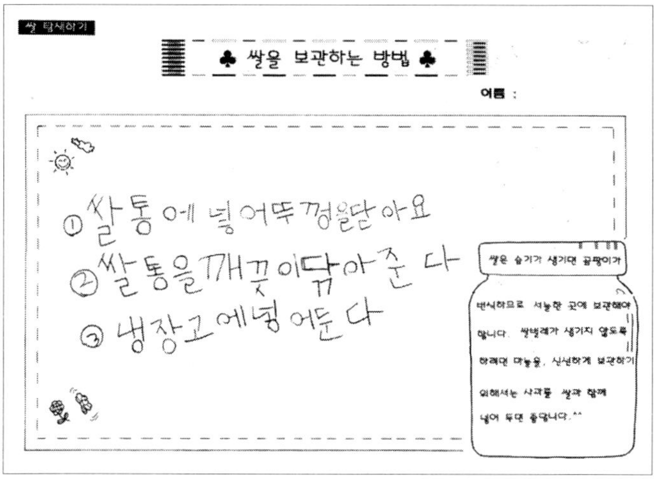

쌀 탐색하기

♣ 쌀을 보관하는 방법 ♣

이름 :

① 쌀통에 넣어뚜껑을닫아요

② 쌀통을깨끗이닦아준다

③ 냉장고에넣어둔다

쌀은 습기가 생기면 곰팡이가 번식하므로 서늘한 곳에 보관해야 합니다. 쌀벌레가 생기지 않도록 하려면 마늘을, 신선하게 보관하기 위해서는 사과를 쌀과 함께 넣어 두면 좋습니다.^^

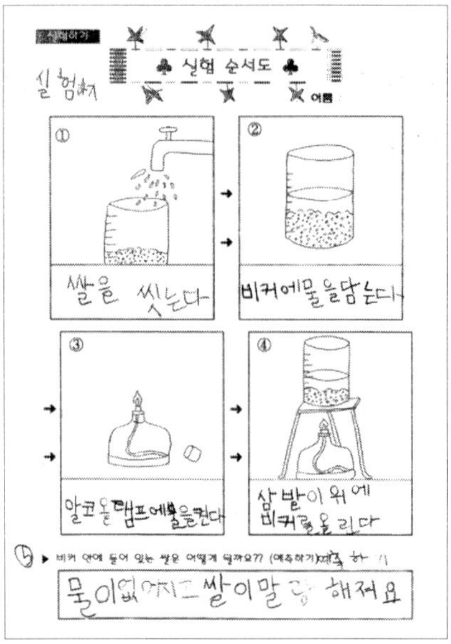

② 실험 시 지켜야 할 규칙

밥 짓기 실험은 불을 사용한다는 점에서 매우 조심스럽게 이루어졌다. 교사는 활동에 앞서 유아들의 안전과 정확한 실험을 위해 '실험 시 지켜야 할 규칙'을 그룹 토의를 거쳐 정해 보았다. 유아들이 정한 실험 규칙은 다음과 같다.

- 쌀을 조심히 씻어요.
- 책상을 흔들지 않아요.
- 알코올램프에 손을 대지 않아요.
- 삼발이 위에 있는 비커를 만지지 않아요.

③ 실험 보고서

실험 순서도를 보며 알코올램프에 불을 켜고 비커를 삼발이 위에 올려 놓았다. 유아들에게 실험 규칙을 상기시키며 쌀의 변화과정을 살펴보았다. 약 7~8분 쯤 지나자 비커 안에서 보글보글 작은 기포가 생기며 쌀과 물이 끓기 시작하였다.

유아 1 물이 끓는다, 끓어.

유아 2 쌀이 꼭 춤추는 것 같아.

유아 3 하얀 거품이 생겼어.

유아 4 (비커를 덮어 놓은 종이 뚜껑이 벗겨지며) 어! 어! 넘친다, 넘쳐.

비커의 물이 끓어 넘치자 유아들은 일제히 "우와~"하는 큰 함성과 함께 배를 잡으며 '까르르' 웃기 시작했다. 유아들의 웃음소리는 비커 안의 물이 없어져 밥이 될때 까지 계속되었다. 쌀이 가열되는 과정에서 풍기는 고소한 냄새는 유아들에게 '먹고 싶다' 는 충동을 느끼게 했다. 교사는 유아들의 욕구를 충족시켜 주기 위해 밥을 먹어 보는 경험을 하게 했으며, 이 과정에서 유아들은 "고소하다," "내가 지은 밥이 더 맛있어요" 라며 즐거워했다.

유아들은 실험을 통해 알게 된 쌀의 변화과정을 실험보고서로 기록해 보았으며, 그 변화과정들을 촉각, 시각, 미각, 후각으로 분류해 보았다.

쌀의 변화과정

	촉 각	시 각	후 각	미 각
쌀	딱딱하다	작다	냄새 안 남	쓰다
밥	말랑하다	쌀에 비해 조금 크다	고소하다	씹을수록 단맛이 난다

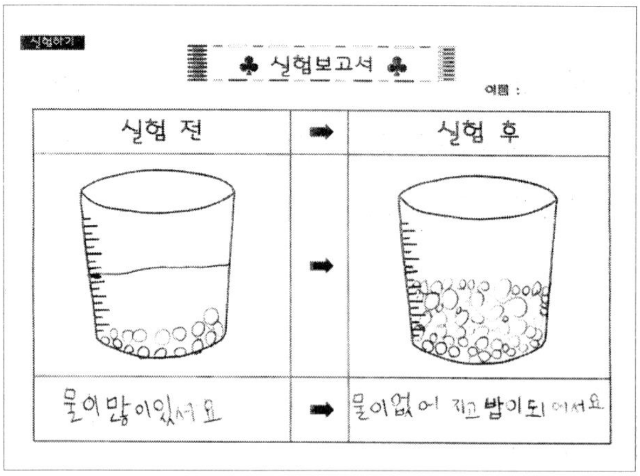

(5) 요리

밥을 지으며 일어나는 물리적 변화는 유아들의 호기심을 자극하였고, 이러한 자극은 쌀 프로젝트에 있어 또 다른 흥미를 제공해 주었다.

유아들은 밥 짓기 실험이 끝난 후에도 교사에게 "우리 떡 만들어 봐요," "김밥 만들어 봐요," "식혜 만들어 봐요"라며 또 다른 요리 활동을 제시하였다. 마침 우리나라 고유의 명절인 추석이 다가오고 있어 교사는 유아들에게 '송편'을 만들어 보자고 제안하였다.

① 요리 재료 알아 보기

교사는 유아들과 함께 송편을 만들기 위해 필요한 재료들에 대해 알아 보았다.

교사 송편을 만들기 위해서는 어떤 재료가 필요할까?

유아 1 쌀가루요.

유아 2 반죽을 하려면 물이 있어야 해요.

유아 3 콩이요, 지난번에 송편을 먹었는데 안에 콩이 있었어요.

유아 4 가스레인지랑 냄비가 있어야 해요.

교사 그럼 송편을 만들기 위해 더 필요한 건 없을까?

유아들 …….

교사는 미리 준비해 놓은 요리 재료 소개표를 유아들과 함께 보면서 소금, 설탕, 참기름, 숟가락, 찜 솥 등의 빠진 재료를 확인하여 봄으로써 활동 진행에 도움을 주었다.

② **요리 순서도 및 요리하기**

요리 재료를 알아 본 유아들은 빨리 송편을 빚어 보고 싶어 했다.

유아 1 선생님, 우리 빨리 송편 빚어요.

교 사 너희 송편을 어떻게 빚는지 알고 있니?

유아 1 네, 쌀 반죽을 동그랗게 만드는 거잖아요.

유아 2 반죽 안에 콩도 넣어야 돼.

유아 3 쌀가루에 물을 넣고 주물러야 해요.

쌀가루를 반죽하던 유아들은 “선생님, 쌀가루가 너무 많아요”, “팔이 너무 아파요”, “물이 너무 많아서 이상하게 됐어요”라며 교사에게 도움을 청했다. 교사는 쌀가루 반죽하는 활동에 참여하여 유아들의 활동을 격려하였다.

유아들은 말랑말랑해진 반죽을 떼어 동글동글하게 빚은 후 접시모양을 만들어 그 안에 소(콩이나 설탕)를 넣어 보며 매우 흥미로워하였다. 또한 송편을 빚으면서 “짠~ 길쭉한 뱀 모양 송편이야”, “나는 하늘에 떠 있는 반달 모양 송편을 만들었어”, “우리 아빠를 닮은 호랑이 모양 송편이야”하며 서로 자신의 송편을 자랑하며 즐거워하였다.

찜 솥에서 자신이 만든 송편을 찾아 보며 원래 원했던 모양대로 되었는지 살펴보면서 직접 만들었다는 사실에 뿌듯해하였다.

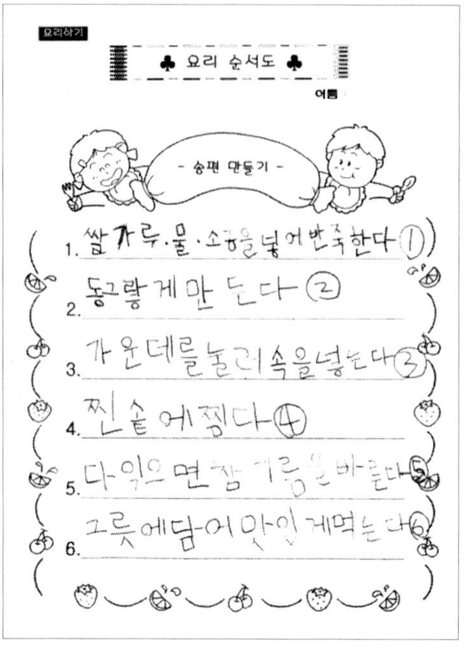

요리하기

♣ 요리 순서도 ♣

이름 :

- 송편 만들기 -

1. 쌀가루·물·소금을 넣어 반죽한다 ①
2. 동그랗게 만든다 ②
3. 가운데를 눌러 속을 넣는다 ③
4. 찐솥에 찐다 ④
5. 다 익으면 참기름을 바른다 ⑤
6. 그릇에 담아 맛있게 먹는다 ⑥

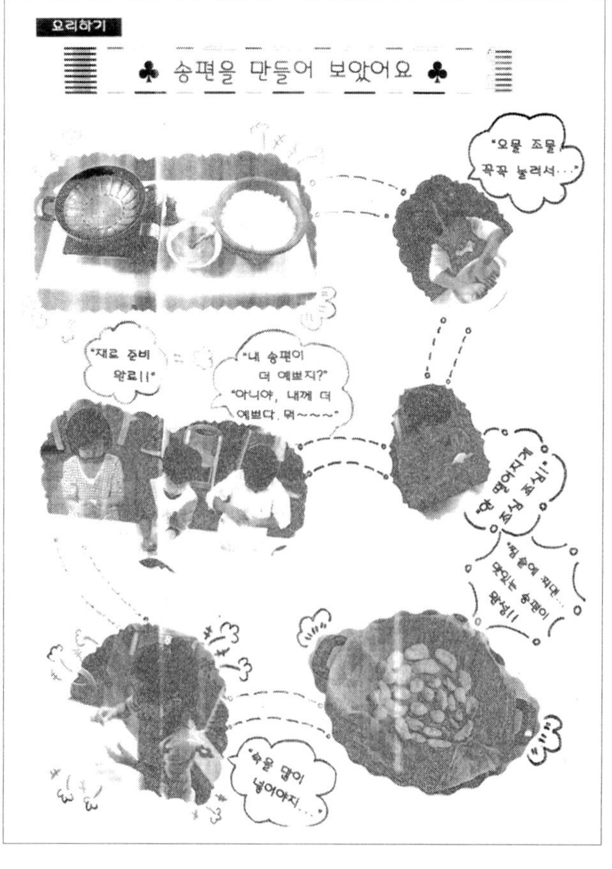

(6) 견학

쌀에 대한 직접적이고 구체적인 경험을 하기 위해 벼의 껍질이 벗겨져 쌀이 되는 과정을 관찰할 수 있는 정미소 견학 활동이 이루어졌다. 유아들은 책을 통해서만 보았던 벼가 쌀이 되는 과정과 벼의 껍질을 벗기는 기계를 볼 수 있다는 사실에 많은 흥미를 보였다.

정미소 견학을 가기 전 사전활동으로 정미소 아주머니께 물어 볼 궁금한 내용들을 간추려보고, 안전한 견학을 위하여 정미소에서 지켜야 할 규칙도 정해 보았다.

교사 얘들아, 정미소에서 우리가 지켜야 할 규칙에는 무엇이 있을까?

유아 1 큰 기계에 손을 넣지 않아요.

유아 2 손을 넣으면 다쳐요.

유아 3 정미소의 물건을 마음대로 만지면 안 돼요.

유아 4 앞의 친구를 보고 걸어다녀요.

유아 2 다른 곳을 보다가 넘어지면 다치니까요.

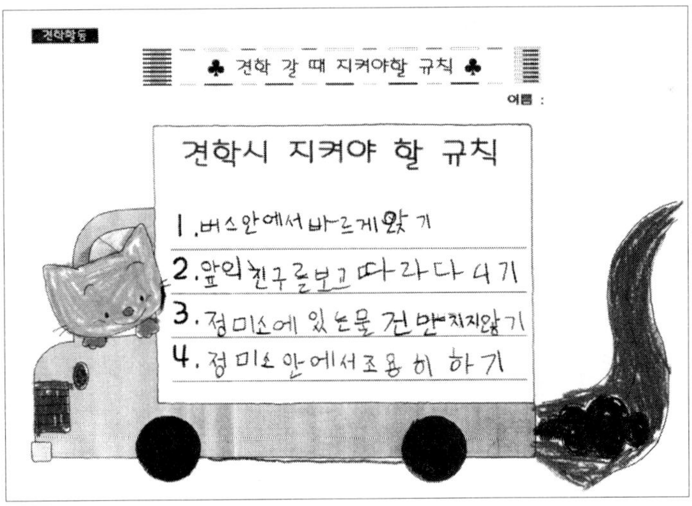

정미소에 도착했을 때 들리는 커다란 기계소리와 다양한 기계들은 유아들의 호기심을 자극하였다. 유아들은 현장에 계시는 아주머니의 도움을 받아 정미소 안을 둘러볼 수 있었으며, 책을 통해 알고 있었던 간접 지식(벼의 껍질을 벗겨 쌀이 되는 것)을 눈으로 직접 확인할 수 있었다.

유아들은 정미소 밖으로 나와 아주머니께서 주신 찐 쌀을 먹으며 궁금한 것들을 물어 보았다.

유아 1 저기 안에 있는 기계의 이름은 뭐예요?

아주머니 도정기란다.

유아 2 쌀은 어디에 담아요?

아주머니 저기 보이는 쌀 포대에 담지.

유아 3 (쌀 껍질을 담는 기계를 보며…) 저건 뭐예요?

아주머니 도정하고 난 쌀의 껍질을 담고 있는 거야.

유아 1 쌀 껍질이요? 그걸로 뭘 하는데요?

아주머니 가루가 되어서 '베개 속' 으로 쓰인단다.

유아 1 우리가 자는 베개요? 신기하다.

유아 3 저기 있는 쌀은 파는 거예요?

아주머니 그럼, 여기서 팔기도 하고 쌀가게로 보내기도 하지.

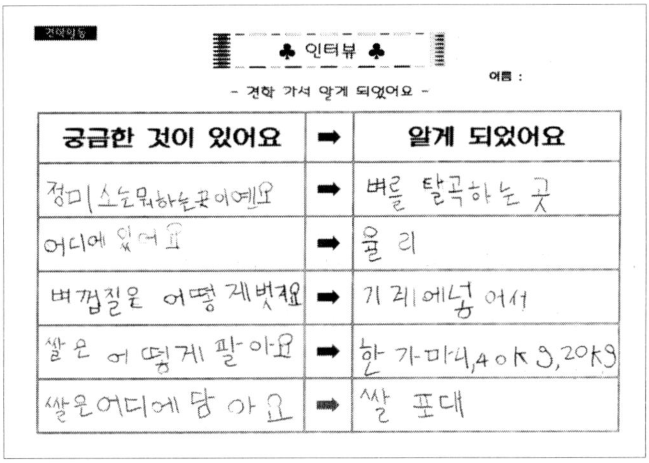
♣ 인터뷰 ♣

이름 :

- 견학 가서 알게 되었어요 -

궁금한 것이 있어요	➡	알게 되었어요
정미소는뭐하는곳이예요	➡	벼를 탈곡하는 곳
어디에 있어요	➡	율리
벼껍질은 어떻게 벗겨요	➡	기계에넣어서
쌀은 어떻게 팔아요	➡	한 가마니,40kg,20kg
쌀은어디에 담아요	➡	쌀 포대

견학에서 돌아온 교사와 유아들은 정미소에서 무엇을 보았는지, 아주머니와 어떤 이야기를 나누었는지, 새롭게 알게 된 사실은 무엇인지 등에 대해 정리해 보는 시간을 가졌다. 또한 견학 가서 가장 인상 깊었던 것이 무엇인지 회상하여 그려 보고 발표하는 시간을 가짐으로써 친구들의 다양한 관점을 알 수 있게 되었다.

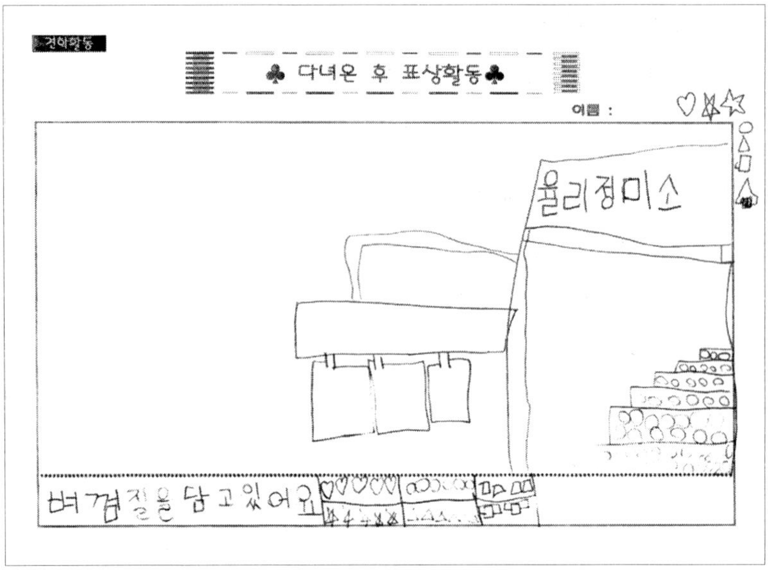

(7) 표상

견학을 다녀온 후 쌀에 대한 유아들의 관심은 더욱 높아졌고, 유아들은 교실에 비치되어 있던 쌀을 놀이에 적극 활용하기 시작했다. 이에 교사는 쌀 프로젝트를 통해 유아들이 다양한 창의적 표현을 할 수 있도록 표상활동을 제시하였다.

① 동시 짓기

쌀 프로젝트를 통하여 유아들의 사고를 좀 더 확산시켜 줄 수 있는 표상활동으로 교사는 쌀을 주제로 한 동시 짓기를 권장하였다.

교사 쌀에 대해 동시를 지을 때 어떤 이야기를 지으면 좋을까?

유아 1 쌀로 만들 수 있는 음식이 많잖아요.

유아 2 쌀은 떡도 만들 수 있어요.

유아 3 쌀은 밥도 되잖아요.

유아 4 쌀은 과자도 만들 수 있고 음료수도 만들 수 있어요.

유아 5 쌀은 요리사 같아요.

교사는 유아들의 기발한 생각들에 놀라움을 표하며 유아 개개인의 창조적 동시를 완성하였다.

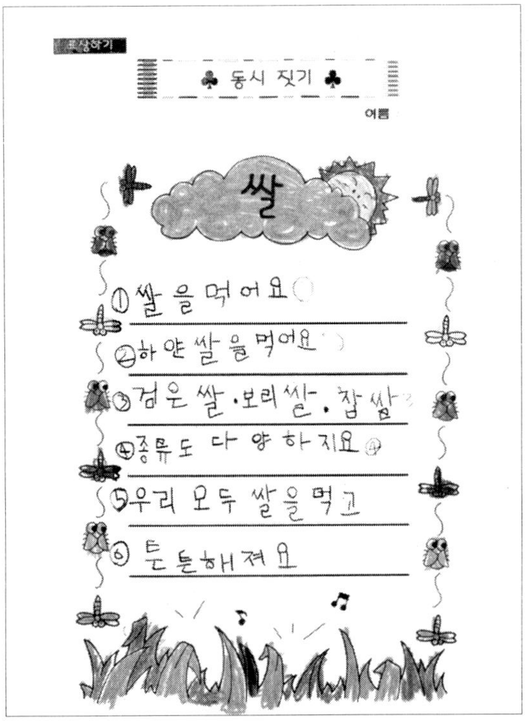

② 쌀 콜라주(collage)

유아 1 선생님, 어제 TV에서 분홍색 쌀을 봤어요.

유아 2 에에~ 분홍색 쌀이 어디 있어?

유아 1 선생님, 분홍색 쌀 있죠?

교사 음~, 그건 우리가 먹는 쌀에 색을 입혀서 그렇단다.

유아 3 색깔을 입힌다고요?

유아 1 그럼 우리도 쌀에 색깔을 입혀 봐요.

유아들은 쌀에 색깔을 입힌 후, 어떤 표상활동으로 연계될 수 있을지 토의하였다.

유아 1 색깔 쌀을 통에 담아 장식해 두어요.

유아 2 색깔 쌀을 동그랗게 뭉치면 쌀 공도 만들 수 있어요.

유아 3 그 공은 통통 안 튀기잖아.

유아 4 색깔 쌀로 예쁜 그림을 그려요.

유아들의 의견이 분분한 가운데, 가장 많은 유아들이 관심을 보인 것은 색깔 쌀로 그림을 그리는 것이었다. 교사는 콜라주 활동과 연계하여 유아들이 쌀 그림 그리기에 흥미를 가질 수 있도록 하였으며, 유아들의 창의성에 제재를 가하지 않고 독창적인 표현 방식이 이루어질 수 있도록 활동을 격려하였다.

③ 악기 만들기

쌀을 가지고 놀던 유아들은 특히 샬레에 담아 둔 쌀에 높은 관심을 보였다.

유아 1 이것 봐, 이 통을 흔드니깐 재밌는 소리가 나.

유아 2 (다른 샬레를 흔들며) 재밌다. 그런데 샬레의 소리가 네 것과 달라.

유아 1 (흔들어 보며) 어, 정말이네. 네 소리가 더 작은 것 같아.

유아 2 내가 가지고 있는 통의 쌀이 적어서 그런가?

유아 3 '찰찰' 소리 나는 것이 꼭 악기 같다.

유아들은 놀이 속에서 자연스럽게 발견된 사실(쌀의 무게에 따라 소리가 크게 또는 작게도 들린다는 것)에 매우 신기해하였고, 샬레에 담긴 쌀의 소리가 '마치 악기 같다'는 유아들의 표현에 악기(핸드벨)를 만들어 보기로 하였다. 아울러 팀을 나누어 자신들이 만든 악기를 친구들 앞에 나와 연주해 보는 시간도 가졌다. 이러한 경험을 통해 유아들은 스스로에 대한 자긍심을 가지고, 다른 친구들의 음악을 바르게 감상하는 방법과 다른 사람의 작품을 존중할 수 있는 태도를 배울 수 있었다.

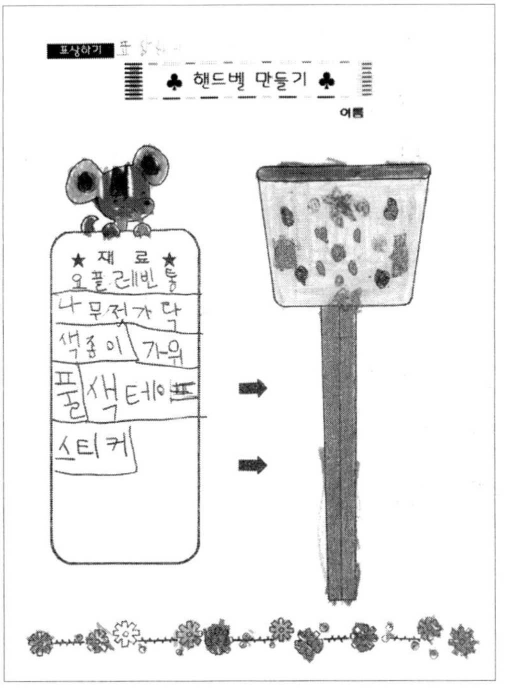

(8) 회상

프로젝트가 마무리 단계에 접어들 무렵, 점심시간만 되면 유아들 사이에서 "난 밥이 너무 맛있어," "밥을 남기지 않고 다 먹어서 키가 쑥쑥 자랄거야," " 나는 밥을 조금만 먹었었는데 이제는 다 먹을 수 있어" 등의 이야기들이 들려왔다. 그 중에는 "농부아저씨께서 쌀을 만드시느라 고생하시기 때문에 밥을 남기면 농부아저씨께서 슬퍼하셔"라고 이야기하는 친구도 있었다. 이런 유아들의 달라진 태도에 교사는 농부아저씨께 감사의 편지를 쓰자는 제의를 해 보았다.

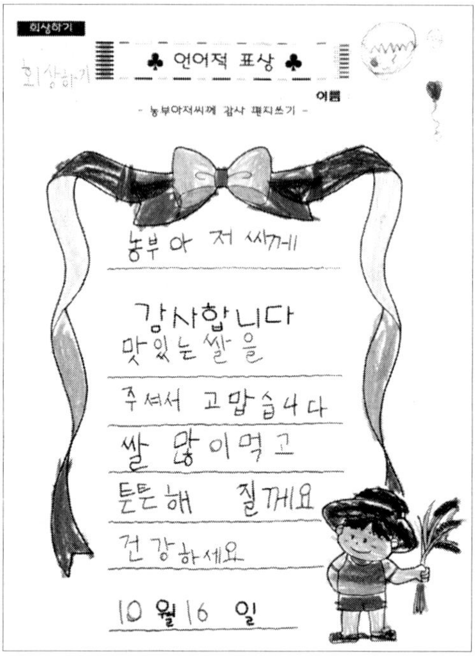

약 5주간의 프로젝트 활동 기간 동안 유아들은 스스로가 쌀에 대한 소중함을 느낄 수 있게 되었고, TV뉴스에서 보도되는 다른 나라의 쌀을 우리가 먹을 수도 있다는 소식에 안타까움을 표하였다. 우리나라의 쌀을 다른 친구들에게 알려 쌀의 고마움과 소중함을 이야기해 주자는 의견이 나와 포스터를 제작하게 되었다.

유아들은 쌀 프로젝트를 통해 일궈 낸 성과물(쌀 콜라주, 핸드벨, 포스터, 쌀 프로젝트 포트폴리오 등)들을 가족과 친구들에게 보여 주기를 원했고, 초대장을 만들어 초대해 보기로 하였다. 교사와 유아들은 초대장에 기재되어야 하는 사항들(날짜, 시간, 장소…)을 토의한 후 초대장을 만들어 보았다.

유치원에 초대된 가족들은 유아들이 멋지게 이루어 낸 쌀 프로젝트의 성과물을 보고 무척 자랑스러워하며 훌륭한 쌀 박사가 된 것에 칭찬과 격려를 아끼지 않았다. 쌀 프로젝트 활동은 교사에게는 유아들의 무한한 호기심과 가능성을 인정하며 가장 큰 매개체가 될 수 있는 전제임을 다시금 인식할 수 있게 하였으며, 유아들에게는 자발적인 관찰과 탐구를 통한 지적학습이 원활히 이루어질 수 있게 하였다. 이로 인해 다소 무겁고 어려울 수 있는 주제였던 쌀 프로젝트 활동은 유아와 교사, 교사와 가정, 가정과 유아의 활발한 상호작용으로 인해 성공적으로 마무리할 수 있었다.

참고문헌

황연욱 (2007). A case study of the assessment practices and beliefs of teachers employing the project approach in a kindergarten. **미래유아교육학회지**, 14(2), 257-291.

Helm, J. H., & Katz, L. G. (2001). *Young investigators: The project approach in the early years.* New York: Teachers College Press.

Hsu, Y. (1995). *An integrated curriculum for kindergarten/first grade children utilizing project approach.* Urbana, IL: Clearinghouse on Elementary and Early Childhood Education. (ERIC Document Reproduction Service No. ED382402)

Katz, L. G., & Chard, S. C. (2000). *Engaging children's minds: The project approach* (2nd ed.). Stamford, CT: Ablex.

Maple, T. L. (2005). Beyond community helpers: The project approach in the early childhood social studies curriculum. *Childhood Education, 81*(3), 133-138.

Piaget, J., & Inhelder, B. (1967). *The child's conception of space.* London, England: Routledge & Kegan Paul.

Schuler, D. (2000). The project approach: Meeting the state standards. *Early Childhood Research and Practice, 2*(1). Retrieved March 1, 2007, from http://ecrp.uiuc.edu/v2n1/schuler.html

Sloane, M. W. (2004). Tailoring your teaching with the project approach. *Kappa Delta Pi Record, 40*(4), 175-179.

사회생활 평정 척도

영역	구 분	내용 체계	평가 기준	평정 척도	비 고
사회생활	기본생활습관	예절 바르게 생활하기	1. 정미소의 웃어른께 예절 바른 언어로 인사를 잘 할 수 있는가?	1 2 3 4 5	1.0 사전 경험 1.2 책 보기 & 인터넷 자료 보기
		질서 지켜 생활하기	1. 쌀 책과 인터넷 자료를 본 후 제자리에 정리정돈 할 수 있는가? 2. 정미소 견학 시 스스로 차례를 지킬 수 있는가?	1 2 3 4 5 1 2 3 4 5	
	개인생활	나에 대해 긍정적으로 생각하기	1. 실험(밥짓기)할 때 내가 맡은 일을 할 수 있는가?	1 2 3 4 5	4.0 실험하기 4.1 실험 순서도 4.2 규칙을 만들어 보아요
		자기 일을 계획하고 실천하기	1. 쌀을 관찰할 때 활동을 스스로 계획하고 행동으로 옮길 수 있는가?	1 2 3 4 5	
	집단생활	다른 사람을 이해하고 존중하기	1. 토의할 때 친구의 의견과 나의 의견이 다르다는 것을 이해할 수 있는가? 2. 친구의 의견을 존중할 수 있는가? 3. 친구와 의견 차이가 있을 때 서로 의논하여 조정할 수 있는가?	1 2 3 4 5 1 2 3 4 5 1 2 3 4 5	5.0 요리하기 5.1 요리 재료 알아보기 5.2 요리 순서도
		공공 규칙을 이해하고 지키기	1. 쌀 프로젝트에 사용되는 물건을 소중히 여길 수 있는가? 2. 정미소에세 지켜야 할 규칙을 알고 지킬 수 있는가?	1 2 3 4 5 1 2 3 4 5	
		두레의 소중함을 알고 협력하기	1. 쌀 프로젝트에 사용되는 물건을 나누어 쓰고 서로 양보할 수 있는가?	1 2 3 4 5	6.0 견학활동 6.1 인터뷰 6.2 견학시 지켜야 할 규칙
	사회 현상과 환경	주변 지역에 관심갖기	1. 정미소에 대해 관심을 가질 수 있는가?	1 2 3 4 5	
		환경 보존에 관심갖기	1. 깨끗한 쌀 재배를 위한 환경의 중요성을 알 수 있는가? 2. 깨끗한 환경을 만들 수 있는 방법을 알고 실천할 수 있는가?	1 2 3 4 5 1 2 3 4 5	8.0 회상하기 8.2 포스터 만들기
		정보자료에 관심갖기	1. 쌀에 대한 자료를 모을 수 있는가? 2. 쌀에 대한 정보를 찾는 방법을 알고 활용할 수 있는가?	1 2 3 4 5 1 2 3 4 5	

표현생활 평정 척도

영역	구 분	내용 체계	평가 기준	평정 척도	비 고
표현생활	탐색	형태 탐색하기	1. 다양한 도구로 벼의 구조와 형태에 관심을 가지고 살펴볼 수 있는가?	1 2 3 4 5	2.0 벼 탐색하기 2.1 벼의 구조 2.2 벼의 천적 2.3 벼를 지킬 수 있는 방법
			2. 쌀의 성장과정과 유통과정에 관심을 갖고 이해할 수 있는가?	1 2 3 4 5	
		소리 탐색하기	1. 핸드벨 악기 소리에 관심을 가질 수 있는가?	1 2 3 4 5	
			2. 쌀의 무게(질량)에 따른 소리 비교를 할 수 있는가?	1 2 3 4 5	
	표현	그림 그리기	1. 쌀의 단면도를 사진이나 실물을 보고 그릴 수 있는가?	1 2 3 4 5	3.0 벼 탐색하기 3.1 쌀의 유통과정 3.2 쌀이 되기까지
			2. 자신의 생각과 느낌을 창의적으로 그려 볼 수 있는가?	1 2 3 4 5	
		만들기와 꾸미기	1. 여러 가지 재료와 도구를 활용하여 자신의 생각이나 느낌을 자유롭게 그려 볼 수 있는가?	1 2 3 4 5	7.0 표상하기 7.2 쌀 콜라주 7.3 쌀을 이용한 악기 만들기
			2. 한 가지 재료를 활용하여 새롭고 다양한 방법으로 꾸밀 수 있는가?	1 2 3 4 5	
	감상	자연과 사물 감상 및 예술적 표현 존중하기	1. 자연과 사물 및 다양한 작품을 보고 생각과 느낌을 나눌 수 있는가?	1 2 3 4 5	
			2. 자신과 다른 사람의 작품에 흥미와 관심을 가질 수 있는가?	1 2 3 4 5	
			3. 친구들의 여러 작품들을 소중히 다룰 수 있는가?	1 2 3 4 5	

언어생활 평정 척도

영역	구 분	내용 체계	평가 기준	평정 척도	비 고
언어생활	듣기	낱말과 문장 듣고 이해하기	1. 프로젝트 관련 책을 보고 낱말과 문장을 이해할 수 있는가?	1 2 3 4 5	1.0 사전 경험 1.1 유아의 이전 경험 표현하기 1.2 책 보기 & 인터넷 자료 보기 1.3 쌀에 대한 브레인 스토밍 1.4 질문 목록(쌀에 대해 궁금한 것이 있어요) 2.0 벼 탐색하기 2.1 벼의 구조 2.2 벼를 천적으로부터 보호하는 방법 2.3 좋은 볍씨를 고르는 법 2.4 벼를 논에서 기르는 이유 3.0 벼 탐색하기 3.2 쌀이 되기까지 3.3 쌀의 구조(단면도 그리기) 3.4 쌀의 종류 3.5 쌀의 영양소 8.0 회상하기 8.1. 언어적 표상 (농부 아저씨께 감사 편지 쓰기)
			2. 두 가지 이상의 지시 사항을 듣고 따를 수 있는가?	1 2 3 4 5	
			3. 벼에 대한 낱말을 듣고 다른 사람과 의사소통 할 수 있는가?	1 2 3 4 5	
		이야기 듣고 이해하기	1. 쌀에 대한 이야기를 듣고 궁금한 내용을 질문할 수 있는가?	1 2 3 4 5	
	말하기	바른 태도로 듣기	1. 벼에 대해 알고 있는 낱말과 문장을 말할 수 있는가?	1 2 3 4 5	
			2. 벼에 대해 알고 있는 내용을 적절한 낱말과 문장을 사용하여 말할 수 있는가?	1 2 3 4 5	
		경험 · 생각 · 느낌 말하기	1. 벼를 본 경험, 생각, 느낌을 다른 사람에게 말할 수 있는가?	1 2 3 4 5	
			2. 벼에 대한 궁금증을 의논을 통해 해결할 수 있는가?	1 2 3 4 5	
	읽기 쓰기에 관심 갖기	말과 글의 관계 알기	1. 프로젝트를 통해 알게 된 새로운 단어에 관심을 가질 수 있는가?	1 2 3 4 5	
			2. 프로젝트 그림 자료를 보며 말로 꾸며 이야기할 수 있는가?	1 2 3 4 5	
		글자에 관심 갖기	1. 벼에 관련된 글자에 관심을 가지고 읽어 볼 수 있는가?	1 2 3 4 5	
			2. 벼에 관련된 단어를 읽어 보고 써 볼 수 있는가?	1 2 3 4 5	
		쓰기에 관심 갖기	1. 벼에 대한 생각을 모아 글로 쓸 수 있는가?	1 2 3 4 5	
			2. 벼에 대한 여러 가지 생각을 그림 그리기, 긁적거리기 등으로 표현할 수 있는가?	1 2 3 4 5	
			3. 농부 아저씨께 감사의 편지를 쓸 수 있는가?	1 2 3 4 5	
		읽어주는 글을 이해하기	1. 벼에 관한 책을 즐겨 볼 수 있는가?	1 2 3 4 5	
			2. 벼에 대해 궁금한 것을 책을 통해 찾아 볼 수 있는가?	1 2 3 4 5	
			3. 알게 된 내용을 서로 이야기하며 정보를 교환할 수 있는가?	1 2 3 4 5	

탐구생활 평정 척도

영역	구 분	내용 체계	평가 기준	평정 척도	비 고
탐구생활	과학적 탐구	벼에 대해 알아보기	1. 벼에 대해 관심을 가질 수 있는가? 2. 벼의 구조(뿌리, 줄기, 잎, 이삭)의 이름을 알 수 있는가?	1 2 3 4 5 1 2 3 4 5	1.0 사전 경험 1.2 책 & 인터넷 자료 보기 1.5 내가 좋아하는 곡식 2.0 벼 탐색하기 2.1 벼의 구조 2.2 벼를 천적으로부터 보호하는 방법 2.6 벼농사에 필요한 농기구 3.0 벼 탐색하기 3.1 쌀이 되기까지 3.2 쌀의 유통과정 3.3 쌀의 구조(단면도 그리기) 3.6. 쌀로 만든 음식 3.7 내가 좋아하는 쌀로 만든 음식 4.0 실험하기 4.1 실험 순서도 5.0 요리하기 5.1 요리 재료 알아 보기 5.2 요리 순서도
		쌀에 대해 알아보기	1. 쌀의 성장과정을 이해할 수 있는가? 2. 쌀의 유통과정을 이해할 수 있는가? 3. 쌀의 구조(단면도 그리기)를 이해할 수 있는가?	1 2 3 4 5 1 2 3 4 5 1 2 3 4 5	
		물체와 물질 탐색하기	1. 밥짓기 실험활동을 통해 쌀의 변화과정을 관찰할 수 있는가? 2. 밥짓기 실험활동을 통해 쌀의 변화과정을 이해할 수 있는가?	1 2 3 4 5 1 2 3 4 5	
		도구와 기계에 관심 갖기	1. 벼농사에 필요한 농기구에 관심을 가질 수 있는가? 2. 밥짓기 실험에 필요한 도구의 바른 사용법을 알고 안전하게 사용할 수 있는가? 3. 송편 만들기에 필요한 도구의 바른 사용법을 알고 안전하게 사용할 수 있는가?	1 2 3 4 5 1 2 3 4 5 1 2 3 4 5	
	수학적 탐구	기초적인 통계와 관련된 경험하기	1. 쌀의 무게(질량)를 잴 수 있는 방법(저울)을 찾을 수 있는가?	1 2 3 4 5	
		시간에 대한 기초 개념 알기	1. 쌀의 성장과정을 순서대로 이야기할 수 있는가? 2. 밥짓기의 실험 순서도를 이해할 수 있는가? 3. 송편 만들기의 순서도를 이해할 수 있는가?	1 2 3 4 5 1 2 3 4 5 1 2 3 4 5	
		기초적인 통계와 관련된 경험하기	1. 내가 좋아하는 쌀로 만든 음식을 이야기할 수 있는가? 2. 수집한 자료를 적절히 사용해 보고, 결과를 비교할 수 있는가?	1 2 3 4 5 1 2 3 4 5	
	창의적 탐구	주변 상황에 관심을 갖고 탐색하기	1. 쌀을 탐색하며 일어나는 여러 상황에 호기심을 가질 수 있는가?	1 2 3 4 5	
		다양하게 생각하기	1. 벼를 천적으로부터 보호하는 방법에 대해 다양한 해결 방안을 모색할 수 있는가?	1 2 3 4 5	

사회생활 체크리스트

<table>
<tr><td>유아명</td><td>○○○</td><td>반(연령)</td><td>반(연령)</td><td>평가 시기</td><td colspan="2">2006년 10월 10일</td></tr>
<tr><td>생활주제</td><td>쌀</td><td>주 제</td><td>현장견학</td><td>활동명</td><td colspan="2">정미소 견학</td></tr>
<tr><td>평가 내용 및 관점</td><td colspan="6">사회생활 - 예절 바르게 생활하기
- 공공규칙을 이해하고 지키기</td></tr>
<tr><td>평가 상황</td><td colspan="6">쌀 프로젝트 활동 : 정미소 견학</td></tr>
<tr><td>평가 유형</td><td colspan="6">체크리스트 활동 기록지(사진)</td></tr>
<tr><td rowspan="6">평가 내용</td><td colspan="3">체크리스트</td><td>예</td><td>아니오</td><td>비 고</td></tr>
<tr><td colspan="3">1. 정미소에 대해 관심을 가지고 견학할 수 있는가?</td><td>V</td><td></td><td></td></tr>
<tr><td colspan="3">2. 견학 시 차례를 지킬 수 있는가?</td><td>V</td><td></td><td></td></tr>
<tr><td colspan="3">3. 정미소에 있는 기구들을 조심히 관찰할 수 있는가?</td><td>V</td><td></td><td></td></tr>
<tr><td colspan="3">4. 정미소에 계신 분들께 예절 바르게 인사할 수 있는가?</td><td>V</td><td></td><td></td></tr>
<tr><td colspan="3">5. 정미소에서 하는 일을 정확히 이해하고 질문하는가?</td><td>V</td><td></td><td></td></tr>
<tr><td>해 석</td><td colspan="6">○○(이)는 정미소에 도착하자 정미소에 계신 분께 큰 소리로 인사를 하고, 여러 기구들을 보며 신기해했다. 정미소에 계신 분께 기구들의 용도를 물어 보기도 하고, 아주머니께서 주신 찐 쌀을 맛있게 먹으며 정미소에 대해 많은 것을 알게 되었다.</td></tr>
</table>

표현생활 체크리스트

<table>
<tr><td>유아명</td><td>○○○</td><td>반(연령)</td><td>반(연령)</td><td>평가 시기</td><td colspan="3">2006년 10월 17일</td></tr>
<tr><td>생활주제</td><td>쌀</td><td>주 제</td><td>쌀 콜라주</td><td>활동명</td><td colspan="3">여러 색깔의 쌀을 이용한 그림 그리기</td></tr>
<tr><td>평가 내용 및 관점</td><td colspan="7">사회생활 – 표현 및 감상</td></tr>
<tr><td>평가 상황</td><td colspan="7">쌀 프로젝트 활동 : 미술영역</td></tr>
<tr><td>평가 유형</td><td colspan="7">체크리스트 활동 기록지(사진)</td></tr>
<tr><td rowspan="6">평가 내용</td><td colspan="4">체크리스트</td><td>예</td><td>아니오</td><td>비 고</td></tr>
<tr><td colspan="4">1. 자신의 생각과 느낌을 독창적이고 다양한 방법으로 그릴 수 있는가?</td><td>V</td><td></td><td></td></tr>
<tr><td colspan="4">2. 표현할 부분을 자세히 나타낼 수 있는가?</td><td>V</td><td></td><td></td></tr>
<tr><td colspan="4">3. 한 가지 재료를 활용하여 새롭고 다양하게 꾸밀 수 있는가?</td><td>V</td><td></td><td></td></tr>
<tr><td colspan="4">4. 다른 친구의 작품을 소중히 다루는가?</td><td></td><td>V</td><td></td></tr>
<tr><td colspan="4">5. 다른 친구의 작품 및 표현기법에 대해 자신의 생각과 느낌을 말할 수 있는가?</td><td>V</td><td></td><td></td></tr>
<tr><td>해 석</td><td colspan="7">○○(이)는 여러 색깔의 쌀을 활용하여 그림을 그려 보는 활동에 매우 관심을 보였다. 그림을 그리기 전 여러 모양을 관찰한 후, 자신이 꾸미고 싶은 것을 크레파스를 이용하여 다양하게 꾸며 보았다. 자신이 꾸민 쌀 콜라주를 친구들에게 소개해 보고, 친구들의 작품도 감상해 보는 시간을 가졌다.</td></tr>
</table>

언어생활 체크리스트

<table>
<tr><td>유아명</td><td>○○○</td><td>반(연령)</td><td>반(연령)</td><td>평가 시기</td><td colspan="3">2006년 10월 13일</td></tr>
<tr><td>생활주제</td><td>쌀</td><td>주 제</td><td>동시짓기</td><td>활동명</td><td colspan="3">동시 짓기</td></tr>
<tr><td>평가 내용 및 관점</td><td colspan="7">언어생활 – 말하기 : 낱말과 문장 말하기
– 읽기, 쓰기에 관심 가지기 : 말과 글의 관계 알기
: 쓰기에 관심 가지기</td></tr>
<tr><td>평가 상황</td><td colspan="7">쌀 프로젝트 활동 : 언어영역</td></tr>
<tr><td>평가 유형</td><td colspan="7">체크리스트 활동 기록지(활동물)</td></tr>
<tr><td rowspan="5">평가 내용</td><td colspan="4">체크리스트</td><td>예</td><td>아니오</td><td>비 고</td></tr>
<tr><td colspan="4">1. 쌀에 대해 알고 있는 낱말을 문장으로 말할 수 있는가?</td><td>V</td><td></td><td></td></tr>
<tr><td colspan="4">2. 쌀과 관련된 새로운 단어에 관심을 가지는가?</td><td>V</td><td></td><td></td></tr>
<tr><td colspan="4">3. 자신의 생각을 낱말이나 짧은 문장으로 표현할 수 있는가?</td><td>V</td><td></td><td></td></tr>
<tr><td colspan="4">4. 자신이 표현한 말이 글로 옮겨지는 과정에 관심을 가지는가?</td><td></td><td>V</td><td></td></tr>
<tr><td>해 석</td><td colspan="7">지금까지 배웠던 쌀에 대한 이야기를 회상하며 동시 짓기를 할 때 어떠한 내용을 넣으면 좋을지 토의하는 과정에서 ○○(이)는 자신의 생각을 잘 이야기해 주었고, 친구들의 의견도 주의 깊게 잘 들어 주었다.</td></tr>
</table>

탐구생활 체크리스트

<table>
<tr><td>유아명</td><td>○○○</td><td>반(연령)</td><td>반(연령)</td><td>평가 시기</td><td>2006년 9월 22일</td></tr>
<tr><td>생활주제</td><td>쌀</td><td>주 제</td><td>실험하기</td><td>활동명</td><td>밥짓기 실험</td></tr>
<tr><td>평가 내용 및 관점</td><td colspan="5">탐구 생활 – 과학적 탐구 : 물체와 물질 탐색하기
: 도구와 기계에 관심 가지기
– 수학적 탐구 : 시간에 대한 기초 개념 알기</td></tr>
<tr><td>평가 상황</td><td colspan="5">쌀 프로젝트 활동 : 과학 · 수학영역</td></tr>
<tr><td>평가 유형</td><td colspan="5">체크리스트 활동 기록지(활동물)</td></tr>
</table>

<table>
<tr><td rowspan="5">평가 내용</td><td>체크리스트</td><td>예</td><td>아니오</td><td>비 고</td></tr>
<tr><td>1. 밥짓기의 실험 순서도를 이해할 수 있는가?</td><td>V</td><td></td><td></td></tr>
<tr><td>2. 밥짓기 실험에 필요한 도구를 바르게 사용하는가?</td><td></td><td>V</td><td></td></tr>
<tr><td>3. 밥짓기 실험을 통해 쌀의 변화과정을 관찰할 수 있는가?</td><td>V</td><td></td><td></td></tr>
<tr><td>4. 밥짓기 실험을 통한 쌀의 변화과정을 기록할 수 있는가?</td><td>V</td><td></td><td></td></tr>
<tr><td>해 석</td><td colspan="4">“물이 가득 담긴 비커에 열을 가하면 어떻게 될까?”라는 질문에 ○○(이)는 “물이 끓어요.”라고 이야기를 했다. 실험을 하는 동안 비커의 물이 점점 없어지고 쌀이 부풀어오르자 “쌀이 물을 먹어요.”라고 표현하며 매우 즐거워했다. ○○(이)는 실험을 통해 쌀에 열을 가하면 물이 점점 줄어들어 밥이 된다는 사실을 알게 되었다.</td></tr>
</table>

황 연 욱

중앙대학교 유아교육학과 졸업(학사)
캐나다 앨버타대학교 유아교육전공 졸업(석사, 박사)
전 성균관대학교 대학원 아동학과 강사
중앙대학교 대학원 교육학과 강사
경인교육대학교 유아교육과 강사
한국교원대학교 대학원 유아교육과 강사
현 한양여자대학교 유아교육과 교수

프로젝트 활동에 참여한 교사

이인숙 전현정 장정은 박정미 주해정 조미자
정미란 박주영 엄혜진 박선혜 홍은지

프로젝트 접근법의 사례연구 6

초판 1쇄 발행 2007년 11월 20일
초판 2쇄 발행 2011년 12월 29일

지 은 이 | 황연욱
펴 낸 이 | 김기섭
책임편집 | 최창숙, 윤햇님
펴낸곳 | 창지사 www.changjisa.com
153-802 서울시 금천구 가산동 345-13
파트너스타워1차 9층
전화 (02) 719-2211~3
팩스 (02) 701-9386
등 록 | 1977년 4월 28일 · 제1-421호

ISBN 978-89-426-0423-4(93370)
값 6,000원